AF555291

TOM JONES,

COMÉDIE LYRIQUE

EN TROIS ACTES,

Imitée du Roman Anglais de M. FIELDING.

PAR M. POINSINET.

La Musique, par Mr. A. D. PHILIDOR.

> *Publica materies privati juris erit, si*
> *Nec circa vilem, patulumque moraberis orbem.*
> Hor. Art. Poet.

Représentée pour la premiere fois par les Comédiens Italiens Ordinaires du Roi, le 27 Février 1765.

Le Prix est de 30 sols avec la Musique.

A PARIS,
Chez DUCHESNE, Libraire, rue Saint Jacques, au-dessous de la Fontaine Saint Benoît, au Temple du Goût.

M. DCC. LXV.
Avec Approbation & Privilége du Roi.

A MONSEIGNEUR
LE DUC
DE FRONSAC,

Pair de France, Premier Gentilhomme de la Chambre du Roi, Maréchal de ſes Camps & Armées, &c.

MONSEIGNEUR,

Les Arts, dès votre Enfance, ont paré votre Berceau. Vous les careſſiez alors, par amour; vous les protégez aujourd'hui par devoir. Héritier du Rang, &, ce qui est plus cher encore, du Mérite respecté d'un Pere, dont le nom seul fait l'éloge; c'est vous qui conduisez aux pieds du Trône les Muses rassurées; c'est à vos soins qu'elles doivent ces regards bienfaisants dont le Monarque les honore, & qui raniment en elles une brillante émulation, d'où résulte toujours la gloire du Maître, des Citoyens & de l'Etat. Jeune encore, vos bontés & quelques succès, sont les seuls guides de mon courage. Je ne vous présente qu'avec crainte un Ouvrage dans un genre que la Nation adopte avec transport, & qui semble avoir touché le véritable but; c'est de réunir & de faire briller les Arts les plus flateurs, en leur donnant pour guide la vérité. Certains Aristarques s'obstinent à le condamner: peut-être ont-ils raison. Je suis loin d'imaginer qu'une Comédie Lyrique soit un effort de génie; je ne crois pas non plus que ce ſoit l'œuvre d'un moment : je penſe ſeulement que le meilleur Ouvrage en ce genre deviendrait un nouveau monument de la gloire de la Nation, & qu'il établirait encore une fois notre ſupériorité littéraire ſur les Italiens & les Anglais qui s'y exerçaient avant nous. Au reſte, qu'importe le cri des Cenſeurs? quel tort pourront-ils faire à mes efforts? ſi Paris veut bien les applaudir, s'ils méritent un ſourire de la Cour; ſi le Fils du Pacificateur de Gênes & du Vainqueur de Minorque ſe plaît à les encourager, & me permet de lui réiterer les témoignages du profond reſpect avec lequel je ſuis,

MONSEIGNEUR,

Votre très-humble &
très-obéiſſant Serviteur,
POINSINET.

ACTEURS.

TOM JONES,	M. Clerval.
Monſieur WESTERN,	M. Caillot.
Madame WESTERN,	Mlle. Desglands.
Miſſ SOPHIE WESTERN,	Mme. La Ruette.
HONORA,	Mme. Berard.
ALWORTHYS,	M. L'Hobreau.
BLIFIL,	M. La Ruette.
DOWLING, *Quaker*,	M. De Heſſe.
LA MAITRESSE *de l'Hôtellerie d'Upton*,	Mme. Bognioli.

PIQUEURS.

VALETS.

BUVEURS.

La Scène eſt, au premier & au ſecond Acte, dans le Château de M. Weſtern; & au troiſieme, dans une Hôtellerie à Upton.

TOM JONES,

COMEDIE LYRIQUE.

ACTE PREMIER.

Le Théâtre représente un Sallon de Compagnie dans le Château de M. Western, où il y a des meubles. Sophie est du côté du Roi, près d'un Métier de Tapisserie où elle travaille (*) Honora, de l'autre côté, travaille à faire de la Dentelle.

SCENE PREMIERE.

HONORA, SOPHIE.

DUO.

SOPHIE, *travaillant.*

QUE les devoirs que tu m'imposes,
Triste Raison, ont de rigueur (a) !

(*) Il faut observer de ne point mettre de lumiere sur le Métier, parce que la Scene se passe le matin.

(a) Elle enfile une aiguille.

Tu gémis, Sophie (*b*), & tu n'oses
T'interroger (*c*) sur ta douleur (*d*).
Quand sous tes doigts naissent les Roses,
Les épines sont dans ton cœur.

HONORA, *faisant de la Dentelle & agitant ses fuseaux.*

Soir & matin,
La jeune Isette,
Triste & seulette,
Cède au chagrin.
Qu'un jeune drille
Lui parle l'amoureux jargon:
Son cœur sautille,
Elle babille;
C'est un démon.
Voilà sur l'esprit d'une fille
Le pouvoir d'un joli garçon.

SOPHIE, *s'arrêtant & la regardant.*

En vérité, ma Bonne, vous m'obligeriez de contraindre votre gaieté; elle est aujourd'hui bien vive.

HONORA.

Que voulez-vous? Dès le point du jour, Monsieur votre Pere avec tout son monde court la chasse & les bois; votre Tante enfermée dans son cabinet s'occupe à méditer la Gazette... Je suis seule avec vous, qui ne daignez pas me dire un mot.

(*b*) Elle pique l'aiguille en dessus.
(*c*) Elle la pique en dessous.
(*d*) Elle la tire en dessus & regarde son ouvrage.

SOPHIE.

C'eſt qu'en général je ne ſuis pas bavarde.

HONORA.

C'eſt que, de jour en jour, vous devenez plus triſte; tout le monde s'en apperçoit, & nous en cauſions encore ce matin avec Monſieur Jones.

SOPHIE, *travaillant.*

Et qui vous a priée de vous entrenir de moi? . . .]

HONORA, *travaillant.*

N'allez-vous pas gronder? comme ſi j'avais commis un grand crime d'écouter votre éloge. . . . fait par le plus joli jeune homme, le meilleur ami de votre pere, que le ſage Alworthys éleve & chérit comme un fils.

SOPHIE.

Je vois que le plus court eſt de te laiſſer dire.

HONORA *ſe leve.*

Mais convenez-en vous-même; vîve ce Cavalier pour les attentions & les ſoins. C'eſt lui qui vous fit préſent de ce charmant petit oiſeau, que ce vilain Monſieur Bliſil, le plus ſot de nos Docteurs, a fait envoler par pure jalouſie... Oh! que je le trouve haïſſable! Comment le peut-on comparer avec Monſieur Jones? . . . Il eſt ſi poli, ſi bienfait! ce ſont des yeux, des cheveux; des diſcours! . . .

SOPHIE, *en ſouriant.*

Sçais-tu bien, ma Bonne, que je finirai par t'en croire amoureuſe?

HONORA.

Vous aimez à vous divertir. Amoureuſe! oh! je

me rends trop de justice. Je sçais que Monsieur Jones ne connaît ni ses parens, ni son pere, & qu'encore faut-il avoir une famille ; mais ce n'est pas sa faute, on n'est pas maître de ça : aussi me voit-on la premiere à le défendre, contre tous ceux qui en babillent ; & je pense comme bien d'autres. (*En fixant malignement Sophie.*) Il est impossible qu'avec un air si noble, d'aussi beaux cheveux, & des yeux si tendres, il ne soit pas né quelque chose. J'ai déja fait une remarque.

SOPHIE.

Quelle est-elle ?

HONORA.

Ce grave Dowling, ce Quaker qui est comme l'Intendant de Mr. Alworthys ; lui qui tutoie tout le monde & ne salüe personne : voyez quand il parle de Monsieur Jones, il y met des égards, du respect.

SOPHIE.

Mais... Je m'en suis apperçue.

HONORA.

Allez, Mademoiselle, le Ciel est juste ; il permettra que tout se découvre, & si quelqu'un doit ici le protéger, c'est plûtôt vous qu'une autre. Car... si j'osais.

SOPHIE.

Acheve.

HONORA.

C'était hier, à-peu-près à cette heure-ci ; il était dans le petit Sallon.

SOPHIE.

Ensuite ?

HONORA.

Il ne me voyait pas, j'étais cachée ; il considérait votre Portrait, paraissait hors de lui-même... Oh! tenez, placez-vous ici, que je vous exprime bien sa situation : il s'est mis à genoux, pressait ses mains.

(Elle conduit Sophie, qui la laisse faire, au fauteuil, qu'elle tire ; ensuite se met à genoux.)

SOPHIE, *d'un air indolent.*

Honora, tu es folle.

HONORA.

Et, je l'entendais qui disait... J'en ai été si touchée que je ne l'oublierai de ma vie.

ARIETTE.

» Image tendrement chérie,
» De l'objet le plus enchanteur ;
» Douce image de ma Sophie,
» Recevez les vœux de mon cœur.

Elle se leve.

Vous changez de couleur....
Il rougissait de même ;
Et prononçait avec ardeur :
» Oui, vous m'offrez tout ce que j'aime «.
Puis il marchait, soupirait, s'agitait,
Et mille fois, dans cette yvresse extrême,
Je l'entendais qui répétait :

Elle prend la main de Sophie.

» Image tendrement chérie,
» De l'objet le plus enchanteur ;
» Douce image de ma Sophie,
» Recevez les vœux de mon cœur ».

SOPHIE, *troublée.*

Honora... finissez... si vous me promettiez de ne plus parler de ceci... je vous pardonnerais. Mais prenez garde... Vous êtes indiscrette, ma Bonne... Vous l'êtes trop... Mon pere... Moi-même.

HONORA.

Soyez tranquille... Chut, j'entends quelqu'un: c'est Madame votre Tante; la Gazette l'occupe si fortement qu'elle ne nous apperçoit pas.

Sophie & Honora se remettent à leur ouvrage.

SCENE II.

HONORA, Madame WESTERN, SOPHIE.

Madame WESTERN, *tenant la Gazette qu'elle lit.*

ARIETTE.

» ON nous écrit de Cracovie
» Que le quartier est à Sambor.
» Le Palatin de Kiovie
» Veut tenter un nouvel effort.
Non les Politiques du Nord
N'en croiront jamais mon génie:
Mais poursuivons: » De la Russie.
» On prétend que le Grand Visir
» Arme en secret pour envahir
» Nos frontieres abandonnées «.

Je l'aurais gagé cent guinées,
Le Turc ne veut que s'aggrandir.
Et justement le voici : » Sa Hautesse
» Fait lever des troupes en Grece «.
Depuis un an, je le prédis :
Cela va bien. » Troubles de Perse.
» La Fortune est chez nous diverse,
» Et le pain toujours hors de prix «.

J'en gémis, ma peine est étrange :
Je renonce à cet embarras.
Eh! comment veut-on que j'arrange
Des gens qui ne s'entendent pas?

SOPHIE.

N'y aurait-il pas, ma Tante, un moyen bien plus facile? ce serait de les laisser s'arranger eux-mêmes.

Madame WESTERN.

Ah! vous êtes ici? vous travaillez? Tant mieux. J'aime qu'on s'occupe. Honora, sortez.

Elle met la Gazette dans un porte-feuille qu'elle tire de sa poche.

HONORA, *en serrant les deux ouvrages.*

Pourquoi donc ce mystere?

(*Elle sort.*)

Madame WESTERN.

Vous me voyez, ma nièce, fort inquiette: nos affaires dans les couronnes du Nord prennent une tournure si contraire à mes idées!...

SOPHIE.

Il faut esperer.

Madame WESTERN.

Non, contre toute raison le Dannemarck prend les armes. Je m'étais arrangée sur une confédération. Tout cela m'occupe, m'empêche de songer comme je le voudrais aux intérêts de cette maison, dont votre pere, qui n'a pas le sens commun, me laisse tout le tracas.

SOPHIE.

Ma Tante . . . Il est mon pere.

Madame WESTERN.

Oui, & c'est-là tout son mérite; car dans sa conduite, c'est bien le gentilhomme le plus extraordinaire... Tous les jours courant les bois, ne vous entretenant, les soirs, que de ses chevaux, de ses valets... Ah! Qu'il ferait bien mieux de suivre ses affaires, de veiller... sur vous ... oui, sur vous même, Miss Western, dont je suis fort mécontente!

SOPHIE.

Que me reprochez-vous?

Madame WESTERN.

Ah! çà... nous sommes seules. Je vous ai élevée; je suis bonne. Je vous aime; ne me déguisez rien.

SOPHIE.

Que vous dirai-je?

Madame WESTERN.

Depuis un mois que Monsieur Alworthys, son protégé Jones, & Blifil son neveu, logent dans ce château...

SOPHIE *inquiette.*

Eh bien ?

Madame WESTERN.

Eh bien ! vous êtes triste, rêveuse ; vous fuyez la compagnie Si ce n'était que celle de votre pere, passe encore : mais la mienne, voilà ce que personne ne peut concevoir.

SOPHIE.

Je vous jure...

Madame WESTERN.

Allons, de la sincérité. Vous êtes amoureuse, Sophie ?...

SOPHIE *vivement.*

Ne le croyez pas.

Madame WESTERN.

Vous en seriez trop punie ; mais votre choix me plaît, il est convenable. Si j'attendais que mon frere s'avisât le premier de songer à votre établissement, ce serait à ne pas finir ; il ne peut tarder & j'en vais conférer avec lui tout à l'heure.

SOPHIE *à part.*

Je ne sçais que penser : (*haut.*) de grace, répondez-moi ; se pourrait-il que vous fussiez assez bonne?

Madame WESTERN.

Eh ! voilà comme l'on parle... comptez sur moi. (*On entend un bruit de fanfares.*) J'entends du bruit ; c'est votre pere ; on ne peut le méconnaître au tapage qui l'environne.

SCENE III.

Quatre Piqueurs en bottes & en habits troussés, tenant en main leurs trompes & donnant des fanfares. JONES, Monsieur WESTERN, *en habit de chasse la trompe au col*, SOPHIE, Madame WESTERN, HONORA.

Mr. WESTERN *après les fanfares.*

COURAGE, enfans de la joye ; de la gaieté, Ah ! le beau temps, la belle chasse !

JONES.

Elle a été des plus heureuses.

Mr. WESTERN.

Je t'en réponds. Bon jour, Sophie ; comment te portes-tu, ma fille ? (*à Jones.*) Pas vrai qu'elle est jolie ? Votre valet, ma sœur. (*à Sophie.*) Tu vois mon camarade Jones, brave garçon, bon vivant ; tu le connais, ainsi que moi, pour le plus déterminé Chasseur de tout notre Comté de Sommerset. Eh ! va donc près d'elle, fais lui ton compliment : attends-tu qu'elle te prévienne ? Allons, allons, avance : salue-la, baise lui la main.

JONES, *embarrassé.*

Monsieur !

SOPHIE, *de même.*

Mon pere !

Mr. WESTERN.

Eh ! bien : quoi ? mon pere ! qu'y a-t-il là de ſi extraordinaire ? Il eſt mon ami, je veux qu'il ſoit le tien.

SOPHIE, *baiſſant la vue.*

Il l'eſt ſans doute.

HONORA *à part.*

J'en ſuis caution.

Madame WESTERN.

Vous êtes toujours, mon frere, d'une ineptie ſur le chapitre des bienſéances.

Mr. WESTERN.

A l'autre ! que veut-elle nous conter avec ſa bienſéance ? Je n'entends point toutes ces ſimagrées. Je ſuis ſon pere, elle eſt ma fille, je le veux. Obéis moi, & qu'on ne m'impatiente point ſur cet article.

JONES, *traverſant le théâtre.*

J'y cours.

SOPHIE, *ſe laiſſant prendre la main.*

Mon pere... Monſieur.

JONES, *lui baiſant la main, à demi-voix.*

Belle Sophie.

HONORA *à part.*

Les pauvres enfans !

(Jones revient à ſa place.)

Mr. WESTERN.

Fort bien; de l'union, c'eſt ce que j'aime. Ah! Sophie, ſi j'avais prévu le plaiſir... Mais on n'eſt pas devin, & vous autres femmes, vous vous levez ſi tard!

Madame WESTERN.

Ne faut-il pas, comme vous, courir les bois avant qu'il ſoit jour?

Mr. WESTERN.

Je t'aurais fait trouver à l'halali. Peut-être de ſix mois n'aurons-nous pareille rencontre: un Cerf, dix Cors... un tems!.. un frais!.. il ſemble que j'y ſois encore.

ARIETTE.

D'un Cerf, dix Cors, j'ai connaiſſance:
On l'attaque au fort, on le lance;
Tous ſont prêts:
Piqueurs & Valets
Suivent les pas de l'ami Jone.
J'entends crier: Volcelets, Volcelets.
Auſſitôt j'ordonne
Que la Meute donne.
Tayaut, Tayaut, Tayaut.
Mes chiens découplés l'environnent;
Les trompes ſonnent:
» Courage, Amis: Tayaut, Tayaut «.
Quelques chiens, que l'ardeur dérange,
Quittent la voye & prennent le change,
Jones les raſſure d'un cri:
Ourvari, ourvari.

Accoute, accoute, accoute.
Au retour nous en revoyons.
Accoute, à Mirmiraut, courons;
Tout à Griffaut;
Y après: Tayaut, Tayaut.
On reprend route,
Voilà le Cerf à l'eau.
La trompe ſonne,
La Meute donne,
L'écho réſonne,
Nous preſſons les nouveaux relais:
Volcelets, Volcelets.
L'animal forcé ſuccombe;
Fait un effort, ſe releve, enfin tombe;
Et nos chaſſeurs chantent tous à l'envi:
» Amis, goûtons les fruits de la victoire;
» Amis, Amis, célébrons notre gloire.
» Halali, Fanfare, Halali,
» Halali.

Madame WESTERN.

Quand vous aurez tout dit, mon frere, pourra-t-on obtenir de vous un moment d'audience?

HONORA *à part.*

C'eſt bien tout au plus.

Madame WESTERN.

Et vous entretenir de vos propres affaires? Elles ſont plus ſérieuſes que vous ne le penſez.

Mr. WESTERN.

Le dîner tardera-t-il beaucoup? nous n'avons

eu que le tems de faire une petite halte, & grace à vos soins la cantine étoit mal fournie.

Madame WESTERN.

Il n'est pas encore midi.

Mr. WESTERN.

Que m'importe ? Mon estomach ne s'est jamais reglé d'après les heures ; je mange quand j'ai faim ; quand je suis las, je dors : & voilà comment je ne suis jamais malade. Ordonnez qu'on se dépêche. (*Aux Piqueurs.*) Et vous, enfans, point de relâche. Le franc Chasseur doit être plus alerte encore que la bête qu'il poursuit. Demain dès le point du jour, que Georges aille à la quête. Jones, à six heures nous attaquerons le Daim Il m'est arrivé des chiens que je veux éprouver. Après-demain il faut du repos ; ce ne sera que le Liévre : mais dans dix jours, dans dix jours au plus tard, quelle fête, mon camarade ! quelle joie ! ce sera le Renard, oui le Renard : l'animal est malin, la chasse en est gaie, vive, charmante. Ah ! que ne m'est-il possible de m'en donner plus souvent le plaisir ?

Madame WESTERN, *à part.*

Je vois le parti qu'il faut prendre. (*Haut.*) Honora, suivez ma niéce dans son appartement. Je me flatte que Monsieur Jones me voudra bien permettre d'être un moment seul avec mon frere.

JONES.

Madame.

(*Honora sort avec Sophie.*)

Mr. WESTERN.

C'est une tyrannie ; je ne sçais ce qu'elle me veut : il faut contenter les femmes. (*A Jones.*) Va-t-en donner un peu le coup d'œil du Maître ; vois si notre jeune Meute est rentrée en bon état : va, mon camarade ; je ne tarderai pas à t'aller joindre.

(*Jones sort avec les Piqueurs.*)

SCENE IV.

Mr. WESTERN, Madame WESTERN.

Mr. WESTERN.

AH ! çà, voyons ; que me voulez-vous dire ? J'aurais plus besoin de repos que de raisons ; ne marchons pas par les boulées, dépêchons.

Madame WESTERN.

Je veux vous dire, mon frere, que vous ne prévoyez rien, que vous ne savez rien.

Mr. WESTERN.

Oh ! parbleu, si fait. Je prévois que les vins de France seront fort chers l'année prochaine ; je sçais que la race de mes bassets s'abbatardit.

Madame WESTERN.

Et ce sont là vos plus grandes affaires?

Mr. WESTERN.

Et je n'en veux point avoir d'autres, moi. Je paie

mes ouvriers tous les mois ; je compte avec mes Fermiers tous les ans ; je bois avec mes amis tous les jours ; & quoi que vous en disiez, j'appelle cela faire très-bien ses affaires.

Madame WESTERN.

Mais votre fille a bien-tôt dix-huit ans.

Mr. WESTERN.

C'est vrai, & ce qui m'en charme, c'est qu'elle raisonne souvent mieux que vous, qui en avez plus de quarante.

Madame WESTERN.

Mon frere !

Mr. WESTERN.

Point d'humeur, finissons : que veut, que desire ma chere Sophie ?

Madame WESTERN.

Ce que vous n'avez peut-être pas envie de lui accorder si-tôt, ce que l'on desire à son âge... Un mari.

Mr. WESTERN.

Eh ! c'est mon unique envie. Combien de fois m'a-t-on entendu dire que ma seule ambition était de la voir heureuse & mariée au plus riche Gentilhomme de la Province.

Madame WESTERN.

Hâtez vous donc de faire un choix ; son cœur pourrait vous prévenir, & certaine passion naissante . . .

Mr. WESTERN.

Hem ! Plaît-il ? Des passions ! de l'amour sans mon aveu !

Madame WESTERN.

Une fille auſſi jeune qui ſe plaît à reſter ſeule, qui ſoupire, qui pâlit, qui fuit le monde..... Mon frere !

Mr. WESTERN.

Oui, vous avez raiſon ; mais il faut être femme pour s'appercevoir de toutes ces petites niaiſeries-là.

Madame WESTERN.

Croyez-moi, votre Sophie eſt amoureuſe.

Mr. WESTERN.

De qui ?

Madame WESTERN.

Vraiment, cela devenait plus difficile à découvrir ; mais quand on poſſede un certain diſcernement, en rapprochant les circonſtances...

Mr. WESTERN.

Au fait.

Madame WESTERN.

En étudiant les intérêts des différens confédérés, j'ai découvert que depuis le départ du neveu de M. Alworthys...

Mr. WESTERN.

De Blifil ? .... Quoi ! ce ferait de lui ?

Madame WESTERN.

De lui-même.

Mr. WESTERN.

Ma fille amoureuſe d'un Docteur !

Madame WESTERN.

Je vous l'aſſure.

Mr. WESTERN.

Ma foi, j'en ſuis enchanté : je l'ai toujours aimé; il eſt pourtant mauvais Chaſſeur, d'ailleurs honnête homme, neveu de mon ami, ſon unique héritier. Ce garçon-là ſera riche. Ma fille lui veut du bien.... Allons, voilà qui eſt fini. Holà, quelqu'un. (*Richard entre.*) Richard, qu'on voye un peu ſi l'ami Alworthys eſt dans le château; qu'il vienne me parler, qu'il vienne tout à l'heure : c'eſt pour affaire preſſée, entendez-vous ? Courez vîte, revenez.

(*Richard ſort.*)

Madame WESTERN.

Il ſerait plus convenable d'attendre.

Mr. WESTERN.

Oh ! trève à vos avis, ne troublez point ma joie : je ſerai mon bonheur, celui de ma fille, celui de mon ami, celui de ſon neveu : nous ſerons tous contens, tous heureux. Alworthys va venir, je veux lui parler ſeul.

Madame WESTERN.

Gardez-vous bien de me compromettre.

Mr. WESTERN.

Ma très-honorée ſœur, gardez-vous bien de m'impatienter.

Madame WESTERN.

Il faut conſidérer ...

(*Elle ſort.*)

Mr. WESTERN.

Serviteur. La terre de mon ami touche à la mienne. Je puis marier ma fille sans me priver d'elle ; je la verrai, si je veux, tous les jours. Quel plaisir! je me promets de lui annoncer moi-même que c'est à son amant, à Blifil que je la donne. Toute réflexion faite... (*Il prend du tabac.*) je ne prévois nul obstacle, nul empêchement à ce mariage. Non, ma Sophie : tu seras heureuse, tu seras le bonheur de ton pere.

SCENE V.

Mr. WESTERN, ALWORTHYS.

ALWORTHYS.

RICHARD m'a dit...

Mr. WESTERN.

Eh ! viens donc, mon cher voisin, viens dans mes bras.

ALWORTHYS.

Modérez....

Mr. WESTERN.

Tu t'en souviens, nous n'étions pas plus grands que cela, l'un & l'autre, que nous vivions en bons amis.

ALWORTHYS.

Ces doux sentimens n'ont fait qu'augmenter avec l'âge.

Mr. WESTERN.

Tu n'as pourtant jamais eu la complaiſance de courre un cerf avec moi.

ALWORTHYS.

Chacun a ſes plaiſirs, je fuis ceux qui fatiguent.

Mr. WESTERN.

De bonne foi, je ne ſçais pas trop ce que tu aimes.

ALWORTHYS.

La tranquillité. Je n'en jouis jamais; aujourd'hui même, vous me voyez triſte. Il me revient ſans ceſſe des plaintes contre Jones; j'en ſuis fâché: ce garçon ne m'eſt rien; je l'ai élevé, je l'aime.

Mr. WESTERN.

Et vous avez raiſon. C'eſt un excellent Sujet, brave Chaſſeur, bon vivant. Ah! ſi vous l'aviez vû comme moi l'autre jour tirer au vol un jeune corbeau. Allez, mon vieil ami, c'eſt un jeune homme dont vous n'aurez jamais que de la ſatisfaction.

ALWORTHYS.

Je le ſouhaite.

Mr. WESTERN.

Laiſſe là ces miſeres, fais comme moi, n'écoute que la joie.... Je marie ma fille.

ALWORTHYS.

L'aimable Sophie? ... Je vous en félicite.

Mr. WESTERN.

Tu n'y es pas; apprends le meilleur, c'eſt à ton neveu que je la deſtine.

ALWORTHYS.

A Bliſil? puis-je croire?..

Mr. WESTERN.

Elle en eſt amoureuſe; ſa Tante me l'a dit, & je te dis, moi, qu'il faut écrire à ton château, faire revenir Bliſil & les marier dès demain.

ALWORTHYS.

Tout cela eſt bien-tôt dit : mais une affaire de cette nature.....

Mr. WESTERN.

Doit ſe terminer en deux jours. Je donne à ma fille la moitié de mon bien en la mariant, & le reſte après ma mort; traite de même ton neveu, & finiſſons.

ALWORTHYS.

Écoutez-moi, il faut de la prudence. Je connais Sophie & Bliſil ; l'une eſt ſpirituelle autant que jolie; l'autre eſt ſage, ſçavant, vertueux, mais ſi taciturne, ſi borné....

Mr. WESTERN.

Tant mieux, tant mieux; ma fille en ſera plus heureuſe, elle ſera maitreſſe au logis : c'eſt tout ce que les femmes deſirent. Enfin, c'eſt comme cela qu'elle le veut. Qu'as-tu à me répondre?

ALWORTHYS.

Que Sophie eſt un diamant précieux...

M. WESTERN.

Je le ſçais mieux que toi. Veux-tu m'apprendre à aimer ma fille?

ALWORTHYS.

Mais la certitude que ces deux jeunes gens aient de l'inclination l'un pour l'autre?

Mr. WESTERN.

C'eſt moi qui t'en aſſure; moi, je te réponds de ma Sophie: elle eſt ma fille, je ſuis ſon pere: oui, je le ſuis, j'en mettrais la main au feu. Je prétends qu'elle m'obéiſſe, & que ton neveu l'épouſe. Quant à lui, s'il eſt aſſez impertinent pour refuſer quinze mille livres ſterlings & ma Sophie, je ſuis ſon ſerviteur, je vous baiſe à tous les deux les mains; n'en parlons plus.

ALWORTHYS.

Ce n'eſt que la raiſon...

Mr. WESTERN.

Eh! non, tout eſt dit. Voilà comme je ſuis.

ALWORTHYS.

Je vais travailler à vous contenter: mon Intendant vient à propos.

Mr. WESTERN.

Ah! c'eſt l'ami Dowling: tu fais bien de conſerver ce Quaker; j'aime les gens de ſa ſecte, ils ſont ſinceres.

SCENE VI.

M. WESTERN, ALWORTHYS, DOWLING *toujours le châpeau sur la tête.*

DOWLING, *à Alworthys.*

J'AVAIS pour toi des lettres, ton neveu Blifil s'en est emparé selon son usage ; l'approuves-tu ?

ALWORTHYS.

Il a toute ma confiance.

DOWLING.

Soit.

ALWORTHYS.

Écris-lui de se rendre ici le plûtôt possible.

Mr. WESTERN.

Comment ! le plûtôt ? Que l'on fasse monter un de mes gens à cheval : qu'il coure, qu'il l'amene... qu'il arrive...

ALWORTHYS.

Ce soir tu partiras pour Londres ; Blifil m'a conseillé de te charger d'un message qui regarde Jones. Je voudrais l'éloigner d'ici.

DOWLING.

Tu seras satisfait. Mais toi-même, Alworthys, tu m'inquietres. Rends justice à ce jeune homme, ou je te quitte.

ALWORTHYS.

Tu me tiens ſouvent ce langage. Il eſt ton ami; ſois tranquille, je veux le rendre heureux.

DOWLING.

Tu le dois.

ALWORTHYS.

Ecris à Bliſil.

Mr. WESTERN.

Eh! morbleu, écrivez-lui vous-même. L'affaire en vaut bien la peine.

ALWORTHYS.

Vous avez raiſon, je le préviendrai mieux. J'y vais... Serviteur; mon ami, réfléchiſſez encore, je vous en prie. (*A Dowling.*) Suis-moi.

(*Ils ſortent.*)

Mr. WESTERN.

Tout eſt réfléchi. Quelle lenteur! Ah! que je te plains, Sophie, s'il faut que ſon neveu lui reſſemble!

SCENE VII.

M. WESTERN, Madame WESTERN.

Mr. WESTERN.

VOus voilà, ma ſœur? Eh! bien, lui avez-vous annoncé?

Madame WESTERN.

A qui ? à ma nièce ? A peine ai-je eu le tems de la voir. On venait de m'apporter la nouvelle Feuille. Je l'attends ici.

Mr. WESTERN.

Tant mieux ; vous m'avez réservé le plaisir...

Madame WESTERN.

Doucement : Sophie est mon éleve ; j'ai pris soin d'entamer cette affaire, je veux la suivre.

Mr. WESTERN.

Ma sœur, je vous en prie.

Madame WESTERN.

Non ; quand je me mêle d'une négociation, vous sçavez que j'y veux traiter en Plénipotentiaire.

Mr. WESTERN.

Il faut toujours vous céder.

Madame WESTERN.

Je l'apperçois ; laissez-nous.

(*Sophie entre.*)

Mr. WESTERN.

Je vais à mes relais. Mais comment donc ! elle a l'air tout inquiet. Approche, approche, Sophie, sois contente. (*Il la caresse.*) Sois bonne fille. (*D'un ton très-gai.*) Aime bien ton pere, & tout ira comme il faut. (*D'un ton très-froid.*) Adieu, ma sœur.

(*Il sort.*)

SCENE VIII.

Madame WESTERN, SOPHIE.

SOPHIE, *d'un air étonné.*

MON pere nous quitte ! il paraît bien satisfait.

Madame WESTERN.

Il doit l'être ; & vous ne serez pas fâchée, à votre tour, de sçavoir ce que j'ai fait pour vous.

SOPHIE.

Ma Tante, vos bontés....

Madame WESTERN.

Il est vrai que j'en ai beaucoup. Je vous ai bien servie ; mais vous le méritez. Monsieur Alworthys consent à tout ; votre pere en est ravi, & dès ce soir, mes enfans, nous vous réunirons ensemble.

SOPHIE.

Ensemble !.. avec ?..

Madame WESTERN.

Avec celui que vous aimez ; cela me paraît clair. Pourquoi donc cette inquiétude ? Nous vous jugeons tous très-dignes l'un de l'autre. Oh ! ne dissimulons plus, ou je me fâcherai.

SOPHIE.

Je crains de me trop flatter... Eh ! bien, Madame, il est vrai...

Madame

Madame WESTERN.

Courage....

SOPHIE.

Mon cœur, pour la premiere fois...

Madame WESTERN.

Achevez.

SOPHIE.

Je ne le puis.

ARIETTE.

Ah! ma Tante, je vous prie;
Couronnez tant de bienfaits;
Rassurez votre Sophie;
Et dans son ame attendrie
Portez le calme & la paix.

Madame WESTERN.

Courage; parlez-moi sans crainte.

SOPHIE.

Quand on est seule au fond d'un château; qu'un jeune homme cherche à nous plaire, il est si doux de connaître son cœur! si consolant d'aimer!

Madame WESTERN, *en l'embrassant.*

Oh! oui... Tu me charmes, tu me rappelles des momens!... Mais ce tems-là n'est plus. Allons, de la gaieté, de la joie. Ton choix est sensé, ce jeune homme est bien, très-bien, & j'aurais presque été de ton goût, si mon âge...

SOPHIE.

Il faut convenir qu'il eſt aimable.

Madame WESTERN.

Sage . . . poſé.

SOPHIE.

Courageux, humain, poli.

Madame WESTERN.

Diſcret, ſçavant.

SOPHIE.

Plein d'eſprit, de ſoins, de prévenances.

TOUTES DEUX.

En un mot, fait pour plaire.

SOPHIE.

Oui, ſans doute, tant de qualités réunies peuvent bien faire oublier le défaut que la naiſſance...

Madame WESTERN.

Comment! que dites-vous? Où prenez-vous, s'il vous plaît, de pareilles impertinences?

SOPHIE.

Puis-je ignorer un fait public & ne pas ſçavoir combien un malheur, dont il n'eſt pas coupable, fait ſouffrir l'infortuné Monſieur Jones?

Madame WESTERN.

Monſieur Jones! Qu'entends-je? Juſte Ciel! Mais je n'en reviens pas. C'eſt Jones que vous aimez! c'eſt à moi que vous l'oſez dire! Ce n'eſt pas de Bliſil? ...

SOPHIE.

Blifil ! (*A part.*) Je suis perdue.

Madame WESTERN.

Comment ! un malheureux, sans état, sans parens !

SOPHIE.

De grace....

Madame WESTERN.

Déshonorer votre nom, votre famille ! me faire passer pour une femme sans discernement !

SOPHIE.

Écoutez-moi.

Madame WESTERN.

Voilà donc le fruit de l'éducation que je vous ai donnée. Vous aimez Monsieur Jones ! je vais en avertir votre pere. Je veux qu'il soit chassé du château, qu'il le soit de chez Monsieur Alworthys, de tout le Comté de Sommerset.

SOPHIE.

Pourquoi le perdre ?

DUO.

Madame WESTERN.

Non, rien ne peut me retenir ;
Rien ne peut calmer ma colere.

SOPHIE.

Soyez sensible à ma priere ;
Ce n'est pas lui qu'il faut punir.

Madame WESTERN.

Je veux qu'Alworthys & mon frere
M'aident tous deux à le punir.

SOPHIE.

Ce n'eſt pas lui qu'il faut punir
Pour appaiſer votre colere.
Ordonnez-moi, que faut-il faire?
Je ſuis prête à vous obéir.

Madame WESTERN.

Fuir pour jamais ce téméraire,
Le mépriſer, le haïr.

SOPHIE.

Eh bien! eh bien! j'y ferai mon poſſible.

Madame WESTERN.

Recevoir
Bliſil ce ſoir;
Lui montrer une ame ſenſible.

SOPHIE.

Eh bien! eh bien! j'y ferai mon poſſible.

Madame WESTERN.

Songez à remplir ce devoir;
A ce prix ſeul je puis me taire.

SOPHIE.	Madame WESTERN.
Je ſuis prête à vous ſatisfaire,	
Daignez calmer votre colere.	Je veux bien calmer ma colere:
Allons cacher mon déſeſpoir.	Mais ſongez à votre devoir.

(Elles ſortent chacune d'un côté oppoſé.)

Fin du premier Acte.

ACTE II.

Le Théâtre change & représente un endroit agréable du Jardin de M. Western ; on découvre une allée très-courte qui conduit à son château que l'on voit dans le fond. Sur la gauche se trouve un siége de gazon. Dans le fond, une ou deux allées d'arbres, & çà & là sur la Sçene quelques uns de ces siéges peints en verd qui sont à Londres comme à Paris la parure des Jardins. Jones seul sans chapeau, sans armes, comme un homme qui est chez lui, se promene d'un air fortement occupé, & tient un livre, l'ouvre en differens endroits, ensuite le jette sur le siége de gazon, porte sa main à son front, regarde s'il est seul, s'assied enfin sur le même siége pendant la ritournelle de l'Ariette, & se releve pour chanter.

SCENE PREMIERE.

JONES.

ARIETTE.

AMOUR, quelle est donc ta puissance !
Me dois-je aveugler sur mon sort ?
Aux doux attraits de l'espérance
Mon cœur peut-il s'ouvrir encor ?

J'ose aimer la belle Sophie,
Le plus rare bienfait des Cieux;
Et qu'ils semblent avoir choisie
Pour charmer le cœur & les yeux.

(Il jette les yeux sur ce qui l'environne.)

La jeune fleur
Eclose à peine,
De son teint n'a pas la fraicheur;
Naissante rose, ton odeur
Est moins douce que son haleine;
Et le jour moins pur que son cœur.

Amour, quelle est donc ta puissance!
Me dois-je aveugler sur mon sort?
Aux doux attraits de l'espérance
Mon cœur peut-il s'ouvrir encor?

On est encore à table. Sophie n'a point paru,... Tout m'inquiette... Je m'égare dans ce Jardin... Jamais je n'eus l'ame si triste.... Mille pressentimens.... Un rayon d'espérance... & sur quoi se fonde-t-il?.. quand il se pourrait que Sophie daignât m'écouter un instant... dois-je outrager son pere, trahir l'amitié, & chercher à séduire?... Jones, Jones, songe à ton néant: sois malheureux; mais ne deviens pas coupable. *(Après un long silence.)* J'ai dessein de voyager. Alworthys, mon bienfaiteur, ne me refusera pas cette grace; courons la lui demander... Château charmant! je te laisse mon cœur... Mais je dois te fuir pour toujours.

SCENE II.

JONES, HONORA.

JONES.

C'Est toi, ma chere Honora ; tu viens à propos, reçois mes adieux. Fais en part à ta belle maitresse ; dis-lui ...

HONORA.

Comment ! Quelle nouvelle folie ?

JONES, *d'un air détaché.*

Je vais à Londres .. je le dois .. C'est demain que je pars.

HONORA.

Ecoutez, vous chagrinerez Sophie.

JONES.

Que me dis-tu ?

HONORA.

Rien ... C'est avec moi que je raisonne.

JONES.

Ma chere Honora !

HONORA.

Nenni, je vous connais, vous êtes un malin.

JONES.

De grace ...

HONORA.

Je ne veux pas, vous dis-je. Il conviendrait bien

que j'allasse vous confier que ma jeune maitresse, lorsque je lui racontais votre histoire d'hier... cette petite conversation que vous aviez avec son portrait!..

JONES. *fâché.*

Quoi! vous lui avez dit?...

HONORA.

Sûrement, & il ne vous reste qu'à m'en remercier.

JONES, *d'un ton entrecoupé, mais soutenu.*

Et sans doute elle a répondu...

HONORA.

Oh! elle s'est mise dans la plus épouvantable colere....

JONES.

Je l'avais bien prévu, tu m'as perdu.

HONORA.

Et la, revenez comme elle. Ensuite elle s'est rendu douce, mais douce comme un petit mouton, & nous n'avons jamais été meilleures amies; allez:

ARIETTE.

La pauvre fillette a beau faire,
Le trait vainqueur
Est dans son cœur:
Elle veut jouer la sévere,
Se mettre en colere,
Montrer du mépris, de l'humeur.

JONES.

Du mépris!

HONORA.

Ne craignez rien, vous dis-je.

La pauvre fillette a beau faire,
Le trait vainqueur
Eſt dans ſon cœur.

Elle gronde
Tout le monde,
Elle fait du bruit, du fracas :
Mais tout bas, tout bas, tout bas,
Elle ſoupire,
Et ſon martire
Ne ſe guérit pas.

La pauvre fillette a beau faire,
Le trait vainqueur
Eſt dans ſon cœur.

JONES.

Ah! ſi je t'en croyais, elle t'écoutait.

HONORA.

Avec un plaiſir, une ſatisfaction!..

JONES, *ſautant de joie.*

Quel excès de joye!.. Sophie.. Mon amour...

HONORA.

Doucement. Je ne vous dis point que ma maitreſſe ait de l'amour. J'ai trop de reſpect pour elle.. Mais c'eſt bien l'amitié la plus vive....

JONES, *toujours vivement & gaiement.*

C'en eſt aſſez, chere Honora; que je t'embraſſe.

HONORA.

Finiſſez.

JONES, *tenant ſa bourſe.*

Tiens, partage avec moi.

HONORA.

Toujours de même ! On ne ſçait comment ſe fâcher.

JONES.

Qu'ai-je appris ?.. Que je t'aime !

HONORA.

Qui ne vous aimerait pas ! vous êtes ſi charmant !

(*Il l'embraſſe.*)

SCENE III.

JONES, Mr. WESTERN *en deshabillé à l'Anglaiſe*, HONORA.

Mr. WESTERN, *les ſurprenant.*

AH ! je vous y prends.. Courage, l'ami Jones ; à elle ; en bon Chaſſeur.

HONORA.

Monſieur !

Mr. WESTERN.

Eh ! non ! ne vous gênez pas, je ſuis de vos amis.

HONORA.

C'eſt malgré moi.

Mr. WESTERN.

Oui-dà, bien sot qui t'en croirait.

JONES.

Je vous promets....

Mr. WESTERN.

Taisez-vous, fripons. Ah ! mon camarade ne te déplaît pas, je l'imagine : c'est un égrillard dont j'ai sçu des nouvelles.

HONORA.

Vous avez souvent des idées..

Mr. WESTERN.

Tais-toi, te dis-je. Ma sœur te demande; va vîte, que je n'entende pas quereller.

HONORA *bas à Jones.*

Soyez discret.

(*Il indique par un geste qu'il le sera : Honora sort.*)

Mr. WESTERN.

Tu vois, on me contraint de rester chez moi l'après-dinée : ces femmes m'obsedent ; elles ont toujours peur que je ne leur échape.

JONES.

Je le crois.

Mr. WESTERN.

Je gage que, comme moi, tu t'ennuies : ne serait-il pas plus raisonnable d'assurer notre digestion, en faisant quelque petite battue autour des remises qui sont à la sortie de mon parc : ma foi, mon ami, vive la chasse : c'est le premier, le plus utile, le plus noble des plaisirs; & j'ai besoin de m'y livrer dans mon château, où la société n'est pas fort gaie.

JONES.

Vous me permettrez de répondre ...

Mr. WESTERN.

Non : je suis de bonne foi, il n'y a guères que moi avec qui l'on puisse causer. Ma fille...

JONES.

Votre Sophie, Monsieur ... Elle est toute charmante.

Mr. WESTERN.

C'est une bonne enfant, mais bien jeune encore; son esprit n'est pas développé : ça ne sert qu'à contraindre, quand on a un peu caressé la bouteille : s'il passe par la tête quelque petite gaillardise, on n'ose la dire, & tout cela tue la gaieté.

JONES.

Quelquefois la délicatesse y gagne.

Mr. WESTERN.

Quant à ma sœur, je te la livre pour la plus franche begueule ... Elle me fait enrager... Enfin, on le sçait... mais elle est vieille; j'en dois hériter : il faut un peu de patience. Au surplus, avec mon revenu j'aurais fort bien pu vivre à Londres; mais je me plais encore mieux ici entouré de mes paysans qu'au milieu de nos Beaux d'Angleterre, de nos Lords, avec leurs broderies & les cordons ; à peine aurais-je seulement compris leur langage.

ARIETTE.

Tout ici me plaît, me contente;
Tour à tour je bois, je chante:
Par fois, près d'un joli tendron,
En tapinois je prends courage;
Je le cajole, & le cœur du barbon
Aime encor les jeux du bel âge.
Tous les soirs quatre ou cinq amis
Sont à ma table réunis:
Chacun dit sa chanson gentille,
Nos propos toujours sont joyeux:
Sur notre front la gaieté brille,
Le vin pétille dans nos yeux.

Le matin je préviens l'aurore,
Je poursuis le lievre qui fuit;
Mon chien le chasse, il fuit encore;
Le plomb vole, & la mort le suit:
D'un exercice que j'adore,
Ma santé toujours est le fruit.

Tout ici me plaît, me contente, &c.

JONES.

Et ce sont-là les vrais plaisirs.

Mr. WESTERN.

Je ne suis ni faux, ni fier: j'aime à faire du bien à ma fantaisie, & je ne puis qu'ici me livrer à mon caractere Mais laisse faire, je me contenterai bien mieux encore, dès que ma fille sera mariée.

JONES.

Que me dites-vous ?

Mr. WESTERN.

Tu ne ſçais donc pas ?...

JONES.

Non, je vous jure.

Mr. WESTERN.

Donne-moi la main, mon ami ; fais-moi ton compliment, demain je marie Sophie.

JONES.

Demain, Monſieur ? cela eſt décidé ? .. Vous mariez votre fille ? ..

Mr. WESTERN.

Le voiſin Alworthys s'eſt enfin déterminé, & Bliſil arrive dès ce ſoir pour conclure ce mariage.

JONES.

Quoi ! Monſieur, c'eſt Bliſil ?

Mr. WESTERN.

Oui ; ma fille en eſt folle, amoureuſe.

JONES, *pénétré.*

Je ne l'aurais pas cru.

Mr. WESTERN.

Conviens qu'on ne peut mieux les aſſortir ; c'eſt une excellente, très-excellente affaire. Qu'en penſes-tu ?

JONES.

Aſſurément .... Sophie ! ... Je ſuis de votre avis.

Mr. WESTERN.

Je l'aurois gagé. Eh ! tiens, justement, voici ma fille; je veux que tu sois le premier à l'en féliciter.

JONES.

Moi ?.. Monsieur.

SCENE IV.

JONES, M. WESTERN, SOPHIE, HONORA.

Mr. WESTERN.

APPROCHE ici, mon enfant. Ton petit cœur est, je crois, bien satisfait. Je réussis à te rendre heureuse ; c'est le plus beau moment de ma vie. Voilà notre ami Jones à qui je faisais part de ton mariage. Oh ! il me ressemble ; il en est enchanté.

(Sophie embarrassée n'ose lever les yeux sur Tom Jones, qui de son côté la fixe d'un air attendri.)

HONORA, *d'un ton ironique.*

Je le crois.

JONES, *troublé.*

Je me flatte .... J'espere .... que Miss Western n'ignore pas à quel point son bonheur m'intéresse.

SOPHIE.

Je sçais, Monsieur .?.. ce que vous pensez....: Mais vous, mon pere, si vous m'aimez.....

Mr. WESTERN.

Si je t'aime ? Est-ce à toi d'en douter ? Tu ne soupçonnes pas ; non, tu ne conçois pas combien tu m'es chere. Que veux-tu ? Des bijoux, des parures, des diamans, la moitié, les deux tiers de mon bien ? Parle.

SOPHIE.

Je vous supplie de m'écouter.

JONES *à part.*

Que dira-t-elle ?

Mr. WESTERN.

Eh ! qui peut t'empêcher de m'ouvrir ton cœur ?

SCENE V.

JONES, Mr. WESTERN, Madame WESTERN, SOPHIE, HONORA.

Madame WESTERN.

GRANDE nouvelle, mon frere; votre gendre est arrivé.

ENSEMBLE {

JONES.

Ah ! ciel !

SOPHIE.

Honora !

HONORA.

Contraignez-vous.

}

Mr.

Mr. WESTERN.

Que n'entre-t-il ? Qu'il vienne, que je l'embrasse.

Madame WESTERN.

Il s'est arrêté dans mon appartement.

Mr. WESTERN.

Vous le recevrez dans ce Jardin ?

Madame WESTERN.

Pourquoi non ? Il y fait beau, & puis cette visite n'est que de pure convenance ; les préliminaires sont entre nous arrêtés.

JONES *à part.*

Sortons, je craindrais qu'à sa vue... le désespoir... (*haut.*) Vous sçavez, Monsieur, qu'il me reste encore quelques ordres à donner pour la chasse de demain.

Mr. WESTERN.

Si je le sçais ? Parbleu, je t'y suis. Mais crois-tu bonnement que je vais m'ennuyer ici à écouter les soupirs de ces deux tourtereaux ? Ma foi, tu ne me connais gueres. [*A Sophie.*] Ah ! çà, ma fille, reçois-le comme tu voudras, ce sont tes affaires ; il sera ton mari, c'est comme qui dirait ton maître. Allons, Jones, viens-t-en visiter nos armes.

(*Il sort avec Jones.*)

Madame WESTERN.

Allez, mon frere... (*à Sophie.*) Ecoutez moi, vous sçavez votre promesse... vous sçavez à quelle condition j'ai bien voulu taire un secret que je ne puis me rappeller sans colere... Blifil va venir ; je ne veux point vous gêner dans cette premiere entrevue : aussi bien la poste d'Allemagne vient d'arriver... je compte sur votre parole... vous m'entendez... j'y compte.

(Sophie ne répond que par une révérence.)

(Madame Western sort du côté gauche.)

SCENE VI.

HONORA, SOPHIE, *ensuite* BLIFIL.

SOPHIE.

ELLE est partie... je suis seule avec toi... Ah! Ciel ! il semble que je me réveille... que je respire pour la premiere fois.

HONORA.

Taisons nous, j'apperçois Blifil.

SOPHIE.

Déjà!... Rentrons sous ces allées pour y réparer mon désordre.

(Elles entrent dans une allée Blifil, qui entre du côté du Roi, s'avance sur la Sçene.)

BLIFIL.

Bon ; tout réussit, hâtons nous de conclure. Rien ne transpire encore de la naissance de Jones. Dowling eſt à Londres, je reſte ſeul maître de mon ſecret. Mais je vois ma future.

(Sophie & Honora reviennent.)

TRIO.

HONORA.	SOPHIE.	BLIFIL.
(Elle pouſſe ſa Maitreſſe.)	*(Elle recule.)*	Il la faut approcher...
Je crois qu'il vous a vue :		Mon cœur ſe trouble à ſa vue.
Il le faut approcher.	Dois-je l'aller chercher ?	*(D'un air embarraſſé.)*
		Permettez que je vous ſalue.
	(Embarraſſée & diſtraite.) C'eſt moi, Monſieur,	Madame, c'eſt bien de l'honneur Pour votre ſerviteur
	Qui reſſens tout l'honneur....	Que de jouir de votre vue.
(Elle lui fait ſigne de prendre courage.)	*(à Honora.)* Je ne ſais plus que lui dire.	J'ai dû venir, je ſuis venu ;
(à part.) Le compliment eſt ingénu.		On ſait que pour vous je ſoupire.
	(Sophie & Blifil s'approchent.)	Notre mariage eſt conclu :
Je ne puis m'empêcher de rire.		Mon Oncle ainſi l'a réſolu, Votre Pere ainſi l'a voulu ;
Si je ne pouvais m'en dédire,	Je connais ſur nous leur empire :	Et leur pouvoir eſt abſolu :
Je t'en ferais bien repentir.	Notre devoir eſt d'obéir.	C'eſt demain qu'on doit nous unir.

(Sophie & Blifil ſe regardent ſans ſe rien dire.)

HONORA *à Sophie.*

Dites-lui donc quelque chose.

SOPHIE.

Si Monsieur se voulait asseoir.

(Honora lui présente un siége de Jardin sur lequel il s'assied gauchement.)

BLIFIL.

Je ne fais qu'obéir. Me voilà. Madame, vous semblez inquiette.

(Sophie s'assied dans un fauteuil.)

HONORA, *qui se trouve derriere Blifil.*

C'est l'émotion que lui cause votre présence.

BLIFIL.

Vous me flattez.

HONORA *en riant & retournant à sa maitresse.*

Non, vous êtes trop modeste ; je vous rends justice.

BLIFIL.

Madame ?

SOPHIE.

Monsieur ?

(Honora s'appuie derriere le fauteuil de Sophie.)

BLIFIL.

Je suis peut-être venu un peu tard.

SOPHIE.

Non, Monsieur.

HONORA.

Oh ! il ne fallait pas vous gêner. Rien ne presse.

BLIFIL.

Je n'ai pas encore ſalué mon beau-pere.

HONORA.

Eh bien! par exemple, cela n'eſt pas poli; je vous conſeille de l'aller chercher.

BLIFIL.

J'ai le tems... je ſuis né timide. Madame, peut-être mon embarras....

HONORA.

Vraiment! C'eſt ce que nous aimons; il ne ſert qu'à vous rendre plus intéreſſant.

BLIFIL.

Lorſqu'il s'agit de contracter & qu'on ſe trouve pour la premiere fois tout ſeul avec une jolie Dame....

HONORA.

Comment, tout ſeul! Vous me comptez donc pour rien?

BLIFIL.

Madame, ne daignez vous jamais parler par vous-même?

SOPHIE.

Honora ſçait tout ce que je penſe.

BLIFIL.

C'eſt moi, j'imagine, qui le dois ſçavoir; & j'y parviendrais mieux, ſi votre bouche...

HONORA.

Doucement, Monſieur le Docteur: c'eſt un peu trop exiger le premier jour. Ne voudriez vous pas qu'une Demoiſelle de la naiſſance de Miſſ. Weſtern vînt tout naturellement vous dire : » tenez, je » suis folle de vous, la tête m'en tourne, allons » vitement prier mon Pere de nous marier ».

BLIFIL.

ARIETTE.

Non, non, je me rends justice;
Je suis timide & novice ;
S'il ne s'agissait que d'oser,
Sur votre main, j'irais, Madame,
Dérober un petit baiser. (*Sophie se leve.*)
Un petit baiser... plein de flamme.
Daignez ne vous pas courroucer.
Près de vous... un trouble m'agite,
Tout s'unit pour m'intimider :
Je veux parler, ma bouche hésite...
Je ne sçais que vous regarder.

SCENE VII.

HONORA, SOPHIE, Mr. WESTERN, *habillé comme au premier Acte*, BLIFIL.

Mr. WESTERN.

EH ! bien, mon gendre, il faut donc venir vous chercher !

BLIFIL.

Pardon, Monsieur.

M. WESTERN.

Il me ſemble que le préſent que je vous fais en vous donnant ma fille, vaut bien la peine qu'on m'en remercie.

BLIFIL.

Croyez que ma reconnaiſſance....

Mr. WESTERN.

Oh! point de grands mots, touche-là, & la rends heureuſe; c'eſt tout ce que je demande. Va trouver ton Oncle, il t'attend. Vois avec lui ſi les ordres que j'ai donnés pour ton mariage te conviennent; je n'aime point les diſputes. Je veux bien ne rien épargner, mais je n'entends pas qu'on differe. (*Blifil lui fait des révérences; M. Weſtern le pouſſe.*) Eh! va donc vîte. (*Blifil ſort.*) (*A Sophie.*) Tu vois, mon enfant; j'oublie tout pour ne m'occuper que de toi.

SOPHIE *à Honora.* (*Honora ſort.*)

Le tems eſt cher. Laiſſe-nous, je vais tout riſquer. Mon pere, ſi j'oſais vous demander....

Mr. WESTERN.

Je te devine, je connais la petite vanité de ton ſexe, & de ton âge. Tu veux que ton mariage faſſe du bruit, de l'éclat dans la Province? C'eſt mon deſſein, tu ſeras contente.

SOPHIE.

J'en ſuis bien éloignée, je ne vous ſupplie que de m'écouter.

Mr. WESTERN.

Parle, ma chere Sophie: qui peut te retenir? Ne ſçais-tu pas que tu dois tout eſperer de ton Pere; que je n'ai dans la vie d'autre plaiſir, d'autre joie que de te voir, de t'entendre, de t'aimer?

SOPHIE.

Votre bonté m'encourage.

Mr. WESTERN.

Tu m'attendris.

SOPHIE.

J'en ai besoin.

Mr. WESTERN.

Acheve.

SOPHIE.

ARIETTE.

C'est à vous que je dois la vie,
Vos bontés me la font chérir;
A la voix de votre Sophie,
Que votre ame daigne s'ouvrir.
Écoutez son cœur, qui vous crie:
» C'est à vous que je dois la vie;
» Me voulez-vous contraindre d'en gémir?

Mr. WESTERN.

Voyons par où tout ceci va finir.

SOPHIE.

Apprenez que ce mariage, dont mon bonheur vous paraît dépendre, est pour moi le comble de l'infortune; que, loin de m'être cher..., Blifil...

Mr. WESTERN.

C'est-à-dire que tu ne l'aimes pas, que tu ne veux pas l'épouser?

SOPHIE.

Que vois-je? Votre front s'obscurcit. Vous vous irritez... Je suis perdue... de grace... écoutez-moi.

Mr. WESTERN.

Oh! parbleu, je ne m'y attendais guéres.

DUO.

Mr. WESTERN.

Téméraire, téméraire!
Ainsi vous bravez ma colere!

SOPHIE.

Mon Pere!

Mr. WESTERN.

Vous & ma sœur vous me trompiez!

SOPHIE.

Hélas! si vous m'écoutiez.

Mr. WESTERN.

Non, non; il faut me satisfaire,
Non, je veux que vous l'épousiez;
A mon ami j'ai donné ma parole,
Ma promesse n'est point frivole;
Je prétends que vous me cédiez.

SOPHIE.

Mon Pere,
Je me jette à vos pieds.
Mon Pere,
Hélas! si vous m'écoutiez...
Votre Sophie est à vos pieds.

Mr. WESTERN.

Non, non, il faut me satisfaire;
Je prétends que vous me cédiez,
Je prétends que vous l'épousiez.

SOPHIE, *à genoux.*

Je vous supplie.

Mr. WESTERN.

Oh! parbleu, je vous apprendrai, Mademoiselle, si c'est de moi qu'on se joue. Mais voyez un peu l'impertinente! M'engager à des démarches, me laisser donner tous les ordres, me faire déranger une partie de chasse... & puis se vouloir dédire! Oh! palsambleu, je n'en aurai pas le démenti. Il ne sera pas dit qu'une tête de girouette comme la vôtre ait pû déranger la mienne; non, tu l'épouseras, je t'en réponds, tu l'épouseras.

SOPHIE.

Permettez...

SCENE VIII.

SOPHIE *à genoux*, JONES *accourant*, Mr. WESTERN.

JONES.

J'Accours à vos cris.... Que vois-je?.... Sophie!

(Il lui donne la main ; elle se releve.)

Mr. WESTERN.

Une impertinente qui ne se plaît qu'à chagriner son pere.

JONES.

Modérez-vous.

Mr. WESTERN.

Refuser Blifil, le plus riche héritier de la Province!

JONES.

Peut-être...

Mr. WESTERN.

Je n'écoute rien. Je veux qu'elle l'épouse. Tu

fais mieux qu'un autre combien cette affaire est avantageuse. Je te laisse avec elle, fais-lui bien entendre raison, conseille-lui de m'obéïr.

JONES.

Comment!... Daignez me dispenser....

Mr. WESTERN, *le caressant.*

Oui, je t'en prie, mon ami; rends-moi ce service, je ne puis plus parler... Je suis d'une colere... Si je restais ici.... (*A Sophie.*) Écoute bien ce que te dira Jones; fais ma volonté, c'est ton meilleur parti; fais ma volonté.

(*Il sort en grondant.*)

(*Jones regarde, sans lui rien dire, Sophie qui baisse les yeux.*)

JONES, *en soupirant.*

Vous l'entendez, Sophie; on veut...

SOPHIE.

Mon malheur.

JONES.

Vous, malheureuse!...

SOPHIE, *en regardant Jones bien tendrement.*

Peut-être l'ai-je mérité?

JONES.

Non, le Ciel est juste, il ne permettra point que Blifil...

SOPHIE.

Ne prononcez jamais ce nom, il eſt mortel pour mon cœur.

JONES.

Il doit l'être bien plus encore pour l'amant qui dans le ſilence....

SOPHIE, *à demi troublée.*

Que me dites-vous ?

JONES.

Ce que mes yeux vous ont répété cent fois, ce que la triſte ſituation de mon ame force ma bouche à prononcer... Je ſçais quel intervalle nous ſépare... Mais je vais vous perdre... Sophie, dois-je mourir avec mon ſecret ?... Apprenez que je vous adore, que jamais on n'aima ſi tendrement. Daignez par un ſeul mot....

SOPHIE.

Je vous écoute!.. Je vous crois... Ah! Jones... C'eſt beaucoup pour vous... C'eſt trop peu pour moi, ſans doute : ſéparons-nous, oubliez-moi.... Je le veux... Je vous en prie.

JONES.

ARIETTE.

Vous voulez que je vous oublie?
Non, rien ne vaincra mon ardeur.
C'eſt mon deſtin d'adorer ma Sophie,
Ce ſentiment naquit avec mon cœur.
Vous voulez que je vous oublie!
Non, rien ne vaincra mon ardeur.

Je sens que ce cœur vous offense,
Que mon devoir est de vous fuir;
Mais, loin de vous, dans le silence,
Quand je serai prêt à mourir,
On entendra ma bouche encore
Prononcer le nom que j'adore,
En formant mon dernier soupir.

Vous voulez que je vous oublie! &c.

SOPHIE.

Et vous pouvez me croire ingrate?

JONES.

Non, si vous me promettez que Blifil...

SOPHIE.

Soyez-en certain; il n'est rien que je n'entreprenne pour rompre cette union funeste...

JONES.

Si l'on allait jusques à la contrainte?

SOPHIE.

J'ai des parens à Londres, j'implorerais plûtôt leur appui. (*Tendrement.*) Que voulez-vous de plus?

JONES.

Dois-je vous le dire?...

SOPHIE.

Devez-vous me le demander? Ah! Jones.

(*Elle dit ces derniers mots très-tendrement en lui serrant la main.*)

JONES.

Ma Sophie!

SCENE IX.

HONORA, SOPHIE, JONES, Mr. WESTERN, ALWORTHYS, Madame WESTERN, BLIFIL.

Mr. WESTERN, *furieux, s'élance & sépare Jones de Sophie.*

AH ! je ſçais tout, ma ſœur avait bien raiſon. Allons vîte... Maître ſuborneur, hors de ma maiſon.

JONES.

Je ſuis perdu.

SOPHIE.

Que devenir ?

Mr. WESTERN.

Impoſteur ! voilà donc comme tu abuſes de ma confiance pour ſéduire ma fille, me déchirer les entrailles !

JONES.

Daignez m'écouter.

Mr. WESTERN.

Point de diſcours, hors de mon Château, te dis-je ; & tout à l'heure, ne me réplique pas.

SOPHIE, *s'appuyant ſur Honora.*

Honora !..

HONORA.

Votre Tante a tout dit.

Mr. WESTERN *à Alworthys.*

Vous m'avez promis, voisin, de le chasser de chez vous.... tenez-moi parole, je l'exige.

JONES *à Alworthys.*

Quoi ! mon Bienfaiteur !

SOPHIE *à Jones.*

C'est moi qui vous perds.

ALWORTHYS.

Voilà donc le prix de mes bontés !

Madame WESTERN.

Écouter un homme sans état !

Mr. WESTERN.

Refuser pour lui de m'obéïr ! allons, que l'on me suive. Oh ! je t'en réponds, de force ou de gré tu l'épouseras.

(*Il prend Sophie par la main.*)

SOPHIE.

Sage Alworthys...

Mr. WESTERN.

Je ne veux pas qu'on t'écoute.

JONES *à Alworthys, très-tendrement.*

Vous m'avez permis de vous nommer mon pere.

ALWORTHYS, *très-froidement.*

J'ai promis de ne vous plus revoir.

SEPTUOR.

HONORA *à Sophie.*	JONES *à Alworthys.*	SOPHIE *à Mr. Weſtern.*
	Vous comblez ma miſere.	
		Rien ne touche mon pere.
	Je me livre à mon déſeſpoir.	
Ménagez leur colere.	N'êtes-vous plus mon pere ? (*à Sophie.*) C'eſt pour jamais que je vous quitte.	(*à Jones.*) C'eſt moi qui fais votre malheur.
Quel embarras !		
		(*à Mr. Weſtern.*) Non, je préfere le trépas.
	(*à Mr. Weſtern.*) De votre colere C'eſt moi qu'il faut accabler ; Sophie eſt innocente : Puniſſez-moi.	
(*à Sophie.*) Oui, ma Maitreſſe, Oui, oui, ſans ceſſe,	(*à Madame Weſtern.*) Vous êtes ſa tante.	Pardonnez-lui. (*à Alworthys.*) Soyez ſon appui.
	Rien à préſent ne m'épouvante.	(*à Madame Weſtern.*) Votre ame ſera contente :
Je ferai pour vous mon devoir.	Je me livre à mon déſeſpoir.	Je n'en crois que mon déſeſpoir.

SEPTUOR.

Mr. WESTERN *à Jones.*	Mad. WESTERN.	ALWORTHYS *à Jones.*	BLIFIL.
Oh! je t'apprendrai ton devoir.			
Maraud, je ne t'en tiens pas quitte.		Je ne dois plus vous voir.	
	Cette conduite		Trahir ainsi mon espoir!
Allons, point de raison;			
Sortez de ma maison.	Si fort m'irrite!	Je hais la trahison.	(*à Alworthys en montrant Jones.*)
(*à Sophie.*) J'ai fait avertir le Notaire, Et dès ce soir tu signeras.			Il n'entend point raison.
Il ose encor parler!	(*à Sophie.*)		
Tout ceci m'impatiente.	Vous tenez tête à votre Pere!		
Point tant de raison,	Vous ne méri- pas	Je hais la trahison.	
Hors de ma maison.	De nous causer cet embarras.		
Tout ceci m'impatiente.	Ce tracas-là me tourmente.	Ce tracas-là me tourmente.	Ce tracas-là me tourmente.
Je t'apprendrai mieux ton devoir.	Vous saurez mieux votre devoir.	J'ai promis de ne plus vous voir.	Fallait-il trahir mon espoir?

(*Mr. Western emmene Sophie, Madame Western & Honora les suivent. Jones désespéré donne encore un regard à Sophie qui le lui rend; prend la main d'Alworthys, la serre, la baise comme s'il lui disait:* ah! Monsieur; *lance ensuite un regard décidé, en enfonçant son chapeau, sur Blifil, qui tout tremblant se cache derriere Alworthys, & sort avec lui sur la droite; Jones se retire sur la gauche.*)

Fin du second Acte.

E

ACTE III.

Le Théâtre change & représente une Salle par bas de l'Hôtellerie d'Upton. Il y a de droite & de gauche des escaliers qui conduisent à differens corridors. On voit çà & là quelques chaises de paille, une table & d'autres méchans meubles. La Scène est pendant la nuit. On entend, sans le voir, un Chœur de Valets qui sont supposés boire dans la Cuisine. Ensuite paraissent Dowling & Jones.

SCENE PREMIERE.

JONES, DOWLING.

CHŒUR.

CHANTONS, buvons, trinquons sans cesse;
Le Punsh anime l'allegresse,
Vive le Punsh & les Anglais.
Chantons, &c.

(Jones sort du côté droit en habit de voyage, une lumiere à la main.)

JONES.

Je ne puis résister à ce bruit, à ce désordre : qu'il s'accorde mal avec ma tristesse !

[*Dowling sort de l'autre côté en deshabillé, comme un homme qui quitte son lit.*]

DOWLING.

La maudite Auberge ! Le sot voyage ! Ces gens-là, si je ne les en prie, ne me laisseront pas fermer l'œil.... Mais, que vois-je ?

[*Jones met sa bougie sur la table.*]

JONES.

C'est toi, Dowling ? O mon unique ami ! ta présence me consolerait, si je pouvais l'être. Eh ! qui t'a conduit à Upton ?

DOWLING.

Je vais à Londres, où notre frere Alworthys m'envoie ; comme je suis parti assez tard de son Château, il m'a fallu rester dans cette Hôtellerie, où je me suis couché, selon mon usage, avec le Soleil... Je cherchais du repos, mais je suis mal tombé pour en trouver.

JONES.

Je m'en plains comme toi, la Cuisine est remplie des Guides & Valets de tous les Voyageurs qui vont ou reviennent de traverser la Saverne. Cette Auberge me paraît achalandée.

DOWLING.

Tant mieux pour son Maître, & tant pis pour ses Hôtes. Mais, toi-même, où vas-tu ?

JONES.

Je l'ignore.

DOWLING.

Comment ! J'ai peine à te reconnaître. Pourquoi cet accablement ? Qu'as-tu fait de ta vivacité ?

JONES.

Je suis au déseſpoir. On a réſolu ma perte.

ARIETTE.

Ami, qu'en mes bras je preſſe,
De mon ſort vois la rigueur ;
Permets, Ami, que ma triſteſſe
Un moment s'épanche en ton cœur.
J'atteſte ici l'honneur ;
Jamais ma faible jeuneſſe :
N'a mérité ſon malheur.

Alworthys me chaſſe, m'oublie !.. !
C'eſt mon pere, mon bienfaiteur ;
Je ne verrai plus ma Sophie...
Ah ! j'ai tout perdu dans la vie,
Le repos, l'eſpoir & l'honneur.

Ami, qu'en mes bras je preſſe, &c.

DOWLING.

Tu m'affliges. Ce n'eſt pas toi, c'eſt l'injuſte Alworthys qu'il faut plaindre ; il mérite bien la réputation dont on l'honore : trahir ainſi toutes les loix de la Nature !

JONES.

Il en eſt la gloire. Tu ſais de quel néant il m'a tiré ; je lui dois juſqu'à l'air que je reſpire.

DOWLING.

Mon ami, Jones, mon frere, écoute : si je disais un mot... si je n'étais retenu par un reste de respect dont Alworthys se rend indigne....

JONES.

Arrête, il fut mon pere : il peut être injuste ; mais je ne veux pas être ingrat.

DOWLING.

Tu me détermines ; je ne vais plus à Londres, je retourne au Château. Alworthys va me voir & m'entendre.... Le bruit a cessé, je vais prendre quelque repos. [*En montrant l'escalier qui est à sa droite.*] Voilà sans doute le chemin de ta chambre : renferme-toi, sois tranquille, ton sort changera ; je te le promets, & jamais je ne promis en vain.

JONES.

Je voudrais te croire ; mais l'espoir & le repos ne sont plus faits pour moi. (*Dowling sort.*) N'importe ; je vais tâcher de t'obéir.

(*Il regarde encore Dowling, soupire, monte à sa chambre, en ferme la porte.*)

CHŒUR.

Chantons, buvons, &c.

(*Dès qu'on entend Jones fermer sa porte à la gauche, il s'en ouvre une autre à la droite. Honora descend doucement, d'un air assez gauche. Elle tient une bougie & veut donner la main à Sophie vêtue en Amazone, & qu'on voit à peine.*)

SCENE II.

SOPHIE, HONORA.

SOPHIE.

J'Y ſuis déterminée, je veux partir.

HONORA.

Doucement, donnez-moi la main, cet eſcalier eſt plus facile à monter qu'à deſcendre.

SOPHIE.

Qu'ai-je fait ?

HONORA.

Prenez garde, vous avez manqué de faire un faux pas.

SOPHIE, *en deſcendant.*

Seule pendant la nuit... dans quelle maiſon!..: je tremble.

HONORA.

Je ne ſuis pas trop raſſurée; nous ne ſommes ni l'une ni l'autre accoutumées aux grands voyages. Enfin nous voilà deſcendues.

SOPHIE.

Honora, à quelle démarche m'as-tu déterminée?

HONORA.

Un moment, ſoyons de bon compte : votre projet étoit bien formé quand vous m'en avez fait part ; aurais-je eu raiſon de ſonner l'allarme, d'avertir votre pere ?

SOPHIE.

Non, ſans doute ; mais un premier mouvement, un inſtant d'erreur . . .

HONORA.

A fini par vous être utile. Venons au fait, votre contrat était tout prêt. Dès le point du jour il eût fallu ſigner, on aurait ſçû vous y contraindre, & demain vous auriez été engagée pour toute la vie avec l'homme le plus ſot, le plus avare, le plus mauſſade . . . La fuite était votre ſeule reſſource, vous l'avez priſe ; mais où vous retirerez-vous ? C'eſt à Londres, dans votte famille, auprès d'une Tante qui vous chérit, qui vous protégera . . .

SOPHIE.

Tu veux en vain me raſſurer. Fais-moi commander des chevaux, je dois retourner chez mon pere.

HONORA.

En ce cas, vous ferez toute ſeule le voyage : vous êtes ſa fille unique, il vous adore. La Paix ſera bientôt conclue. Mais, la pauvre Honora, qui la pourra mettre à l'abri de ſa colere ? . . Souffrirez-vous qu'elle ſoit pour jamais ſéparée de vous ?

SOPHIE.

Non. Je veux bien avoir pour toi cette complaisance, & te dérober au premier mouvement de mon pere. Mais il ne faut point demeurer ici davantage. Je tremble à chaque instant d'y être reconnue.

CHŒUR.

Zai, houzai.

SOPHIE.

Tu l'entends ; le bruit redouble.

CHŒUR.

Le Punsh éveille la tendresse :
Vive le Punsh & les Anglais.

SCENE III.

LA MAITRESSE *de l'Hôtellerie avec une lanterne*, SOHIE, HONORA.

LA MAITRESSE, *à la Cantonade.*

PUISQUE ces gens-là ne veulent point se coucher, qu'on leur donne encore une pinte de vin brûlé. (*A Sophie.*) Comment, Madame ! vous avez quitté votre chambre !

SOPHIE.

Madame, c'est à la Maitresse de la maison que je crois parler.

LA MAITRESSE.

Oui, Milady, pour vous servir.

SOPHIE.

Faites-moi l'amitié d'envoyer ſur le champ me commander des chevaux.

LA MAITRESSE.

Quoi ! vous voulez partir ſans rien prendre !

SOPHIE.

C'eſt bien contre mon avis.

LA MAITRESSE.

Y penſez-vous ? Il eſt à peine cinq heures. La nuit la plus noire, un tems horrible ; une perſonne de votre qualité ! votre déjeûner ſera prêt dans l'inſtant.

SOPHIE.

Je ne puis l'attendre.

HONORA.

Quand les jeunes perſonnes ont une fantaiſie dans la tête....

LA MAITRESSE.

Si vous allez à Londres, les chemins ſont mal ſûrs.

HONORA.

C'eſt vrai, c'eſt vrai ; on me l'a dit vingt fois au Château.

SOPHIE.

Honora, voulez-vous me découvrir ?

LA MAITRESSE.

Attendez le jour ; vous aurez du moins compagnie. Je loge ici deux perſonnes qui font cette route. Ils me paraiſſent même très-preſſés ; ils arrivent, je crois, de Sommerſet.

SOPHIE.

De Sommerſet ! Je l'avais prévu , on nous pourſuit . . .

HONORA.

Cela ne peut être.

SOPHIE.

Mais , je te crains ; de grace , prends pitié de ma ſituation. Fais ſur le champ venir des chevaux ; & vous , ma bonne Dame , puiſque vous exigez que je prenne quelque choſe , apprêtez-moi du Thé.

LA MAITRESSE.

Dans le moment.

SOPHIE.

(*A Honora.*) (*A la Maitreſſe.*)
Ne perds point de tems. . . Je vous attends ici.

(*Honora ſort.*)

(*La Maîtreſſe prend la lanterne qu'elle avait miſe ſur la table.*)

LA MAITRESSE.

Quoi ! ſeule ?

SOPHIE.

J'ai beſoin de l'être... Votre maiſon eſt ſûre ?

LA MAITRESSE.

N'en doutez point . . . Vous allez être ſervie.

(*Elle ſort.*)

(*Il ne reſte plus ſur la table que la bougie qu'Honora a deſcendue.*)

SCENE IV.

SOPHIE.

Récitatif.

Me voilà seule, hélas! soulage-toi, mon cœur.

CHŒUR.

Chantons, buvons, trinquons sans cesse.

SOPHIE.

Le bruit redouble. Ah! Ciel! Quelle nuit! Quelle horreur!
Remontons... Je ne puis... Je cede à ma foiblesse.

(Elle va à l'escalier, elle s'appuie sur la rampe, & porte sa main droite à son front.)

CHŒUR.

Chantons, trinquons sans cesse.

SOPHIE.

De ma premiere erreur voilà donc les effets!
Mon pere, quelle est ta tristesse!

CHŒUR.

Le Punsh anime l'allegresse.

SOPHIE.

Malheureuse Sophie!... Écoutons... le bruit cesse.

[Elle fait quelques pas.]

Mais ce profond silence augmente encor ma peur.

[Elle regarde autour d'elle.]

Tout ce que je vois m'épouvante .....

(*Elle fixe la lumiere.*)

Cette lueur pâle & tremblante

Dans mon ſein porte la frayeur ....

Et cependant j'éprouve une douceur ! ....

Le ſentiment qui m'anime & m'enchante,

Malgré moi, charme ma douleur.

(*Pendant la ritournelle, elle s'aſſied ſur la chaiſe qui eſt proche la table, elle s'y appuie en ſe couvrant les yeux, & laiſſe échapper de tems en tems l'accent inarticulé de la douleur. Elle ſe leve pour chanter.*)

ARIETTE.

O toi, qui ne peux m'entendre;
Toi, dont le crime eſt d'être tendre;
Parais ... je chérirai ces lieux.
Je veux te voir ... que je m'égare ! ...
Non, non; fuis-moi ... tout nous ſépare ...
Fuis-moi ... tu le dois ... je le veux ...
Pardonne, cher amant, pardonne ...
L'Amour te venge & me trahit.
A ton nom ſeul, ô mon cher Jone,
Je ſens mon cœur qui m'abandonne:
Sur tes pas il vole & te ſuit.

L'Hôteſſe ne revient point. Honora m'abandonne.

(*Elle tombe aſſiſe ſur les marches de l'eſcalier à droite. Jones paraît au haut de l'autre eſcalier : il tient une bougie & une lettre.*)

SCENE V.

JONES, SOPHIE.

JONES.

LE repos me fuit .... Le jour ne peut tarder; allons chercher Dowling : il voudra bien rendre cette lettre à Sophie.

SOPHIE.

Qu'entends-je? mon nom !

JONES.

Qu'apperçois-je ?

SOPHIE.

Si c'était ....

JONES.

Quelle voix? Elle a pénétré mon cœur.

SOPHIE.

Je tremble ... oui ....

JONES.

Se pourrait-il ? Amour ! espoir ! ... C'est vous ! Ah ! ma Sophie ! je vous vois, tous mes malheurs sont oubliés.

SOPHIE.

Jones... Monsieur... Les miens sont au comble : si vous m'aimez, laissez-moi.

JONES.

Si je vous aime? moi, vous quitter! Ne vous aurais-je retrouvé que pour vous perdre? Mais comment, par quel destin cette maison devient-elle votre asyle?

SOPHIE.

Je n'en ai cru que ma douleur... Je fuis Blifil que je déteste, un pere qui me tyrannise, une tante qui m'accable. Je cherche une retraite à Londres au sein de ma famille.

JONES.

Vous allez à Londres ? Je vous y suis.

SOPHIE.

Je vous le défends.

JONES.

Écoutez-moi.

SOPHIE.

Que me demandez-vous ?

JONES.

Ah ! Sophie, c'est l'aveu le plus cher ; l'espoir qu'un jour le nom de votre époux....

SOPHIE.

Je vous entends : je vous ouvre mon cœur ; sans la tendresse que je dois au meilleur des peres, rien ne m'empêcherait au monde de préferer mon Amant à la plus belle fortune... & dût la pauvreté....

JONES.

N'achevez point : vous m'en avez trop dit. Moi, l'Artisan de ta perte ! Je te verrais souffrir ! Non ; j'éteindrais plûtôt mon amour. Que dis-je ? J'adorerai toujours Sophie : mais ce sera loin de sa vue, & mes soupirs ne troubleront plus son cœur.

SOPHIE.

Voilà les sentimens qui t'en rendent digne. Je me trompais ; je ne puis vivre que pour toi.

JONES.

Non ; sois moins généreuse.

DUO.

JONES.

Tu ne dois plus m'aimer, Sophie :
Conçois l'excès de mon malheur.
C'est ton amant qui t'en supplie :
Laisse moi seul à ma douleur.

SOPHIE.

Peux-tu vouloir que je t'oublie ?
C'est me ravir tout mon bonheur.
C'est pour t'aimer que vit Sophie ;
Le seul amour nourrit mon cœur.

JONES

Quoi ! tu m'aimes, toi que j'adore !
Ah ! tous mes vœux sont satisfaits.

SOPHIE.

Je me plais à le dire encore :
Oui, je t'aime, & c'est pour jamais.

JONES.

Pour jamais partage ma flamme.

SOPHIE.

Pour jamais regne sur mon ame.

TOUS DEUX.

Le Ciel, pour nous aimer,
Se plut à nous former.

SCENE VI.

JONES, SOPHIE, LA MAITRESSE *de l'Hôtellerie tenant le thé. Un Garçon portant la Lanterne qu'il pose sur la table; après quoi il sort. Puis* DOWLING *avec une bougie.*

LA MAITRESSE.

VOILA le déjeûner prêt.

DOWLING.

Une jeune personne arrivée de Sommerset!... Voyons... Sophie!

SOPHIE.

Dowling!

JONES.

Regarde mon ami: c'est elle. Le Ciel nous rassemble; j'avais tort de l'accuser.

LA MAITRESSE.

Voilà bien le plus beau couple que mes deux yeux aient jamais vu.

DOWLING.

Sophie à Upton, la nuit, avec!....

JONES.

Garde-toi de rien soupçonner.

SOPHIE.

Dowling, vous retournerez au château... Vous reverrez mon pere.

DOWLING.

DOWLING.

Oui, j'y retournerai, je le dois. Je vais vous y ſervir. O mes amis ! Chers enfans que j'ai vu naître ! Où vous a conduit l'injuſtice des autres !

LA MAITRESSE.

Placez-vous ici.

JONES.

Ne me privez pas du bonheur de la ſervir.

[*On met le déjeûner ſur la table. Sophie s'aſſied ; Jones s'empreſſe à la ſervir, &c.*]

DOWLING, *pendant ce tems.*

Je ne puis garder plus longtems le ſilence ; je deviendrais complice de leurs perſécuteurs. (*A la Maitreſſe.*) Laiſſe-nous ... Toi, Jones, écoute.

SCENE VII.

JONES, SOPHIE, LA MAITRESSE *de l'Hôtellerie*, DOWLING, HONORA *accourant avec de grands cris.*

HONORA.

AH ! Ciel !

SOPHIE, *ſe levant.*

Qu'eſt-ce ?

JONES.

Explique-toi.

HONORA.

Je ne puis... Tout eſt perdu..... Votre Pere, Alworthys, Bliſil....

JONES.

Ah! mon ami!

(Honora ſe met ſur la chaiſe que Sophie a quittée.)

HONORA.

Ils arrivent ; les valets qui les précedent ſont déjà dans la cuiſine.

SOPHIE.

Mon pere! ... que devenir ?

DOWLING.

Demeure ; je les attends avec toi de pied ferme.

JONES.

Vous connaiſſez ſa violence. N'expoſons point ma Sophie à ſon premier tranſport. Ma chere Dame, de grace, procurez-lui quelque aſyle.

LA MAITRESSE.

Oh! de tout mon cœur : tenez, cachez-vous toutes deux dans cette petite chambre à gauche ; elle n'eſt pas connue, en voici la clef.

HONORA.

Donnez-vîte : le tems preſſe.

JONES.

Ah! Sophie! où ſommes-nous ?

SOPHIE.

Jones, ſans vous je n'aurais jamais fui mon pere.

(Elle ſort avec Honora.)

JONES.

Eh! bien, mes malheurs ſont-ils à l'excès?

DOWLING.

Tant mieux : ils touchent à leur terme.

SCENE VIII.

DOWLING, JONES, M. WESTERN *en bottes & en habit de voyage*, BLIFIL *en bottes & vetu comiquement*, *quatre Valets*, LA MAITRESSE *de l'Hôtellerie.*

Mr. WESTERN.

AH! parbleu oui! on me connait bien ici! c'eſt bien moi que l'on arrête! C'eſt bien moi que l'on empêche de faire du tapage, quand j'en ai la fantaiſie. Allons, Blifil; allons, bon pied, bon œil, mon gendre.

BLIFIL.

Voici déjà l'un des fugitifs.

Mr. WESTERN.

Ah ! je te tiens. Allons, réponds, parle, voyons; qu'as-tu fait de ma fille ?

JONES.

Moderez ce transport ; votre fille eſt ici.

M WESTERN.

Elle eſt ici ! Eh ! vîte, qu'on ferme toutes les portes.

JONES.

Je vous conduirai près d'elle.

Mr. WESTERN.

Toi ! que je ſouffre que tu la regardes encore en face !

JONES.

De grace ...

Mr. WESTERN.

Je n'ai pas le tems de t'écouter : c'eſt quand tu feras en priſon, que tu bavarderas tout à ton aiſe. Allons, Bliſil, courez vous-même chez le juge de Paix : c'eſt l'intention de votre Oncle ; vous le ſavez.

JONES.

Vous-même ?

BLIFIL.

On m'y contraint. [*Il ſort.*]

DOWLING.

Quel homme ! Retire-toi, je lui veux parler ſeul.

Mr. WESTERN.

Suivez-moi tous, vous autres. Oh! je la trouverai.

LA MAITRESSE.

Pourvu que tout ceci finisse par me valoir un bon repas. *(Elle sort avec Jones.)*

DOWLING.

Arrête.

Mr. WESTERN.

Es-tu aussi du complot, toi? Je t'en crois très-capable.

(Le jour commence à paraître)

SCENE IX.

DOWLING, Mr. WESTERN, ALWORTHYS, *arrivant du côté opposé à celui par où Jones est sorti. Les quatre Valets.*

ALWORTHYS.

EH! bien, où en sommes-nous?

Mr. WESTERN.

Arrive, arrive. Ma fille est dans cette maison: j'ai fait condamner les portes. Oh! je la trouverai, l'impertinente! Viens avec moi.

(Il sort suivi de ses gens: Alworthys veut le suivre; Dowling le retient)

SCENE X.

ALWORTHYS, DOWLING.

DOWLING.

DEMEURE, Alworthys : laisse-le chercher sa fille ; il la trouvera sans peine : elle ne prétend pas le fuir. Souviens-toi de ma promesse ; je la remplis & te quitte.

ALWORTHYS.

Comment ?

DOWLING.

Mes comptes sont prêts : je t'abandonne ce qui pourrait me revenir encore ; je ne veux rien avoir à démêler avec un homme injuste.

ALWORTHYS.

Dowling, tu m'outrages.

DOWLING.

Je t'apprécie.

ALWORTHYS.

Ton amitié pour Jones t'aveugle.

DOWLING.

Ta haine m'indigne : pour prix de sa tendresse, de son respect, tu consens qu'on l'arrête, qu'on le traîne en prison !

ALWORTHYS.

Pour prix de mes bontés il outrage mon ami, il lui ravit une fille sur qui la bassesse de sa naissance lui devait défendre même de lever les yeux.

DOWLING.

On te trompe : je le ſouhaite, au moins, pour te rendre mon eſtime. Alworthys, tu me crois ſincere?

ALWORTHYS.

Oui : tu m'inquiettes.

DOWLING.

Ce Jones que tu perſécutes, & qui te chérit ; ce vertueux jeune homme que j'ai choiſi pour mon ami...

ALWORTHYS.

Acheve.

DOWLING.

C'eſt ton neveu, c'eſt l'aîné de Bliſil.

ALWORTHYS.

Que me dis-tu ?

DOWLING.

La vérité. Rappelle-toi Summers ; deux ans de ſuite il logea dans ton château: en ſecret il épouſa ta ſœur ; cinq mois après il mourut ; Jones eſt le fruit de ce mariage que l'on t'a caché toujours, de peur qu'il ne devînt un obſtacle au ſecond que tu voulais conclure.

ALWORTHYS.

Se pourrait-il ? .. Dowling, mon cœur le deſire, & s'il en doute encore ...

DOWLING.

Écoute : ta ſœur a rempli ſes devoirs en mourant. Elle a reconnu ſon fils, & m'a remis une lettre qui développe le myſtere de ſa naiſſance. Ton neveu Bliſil s'en eſt chargé.

ALWORTHYS.

Le traître ! Jamais il ne me l'a remise... J'atteste le Ciel...

DOWLING.

Point de sermens : ta parole suffit.

ALWORTHYS.

Je te la donne.

DOWLING.

Et je la crois. Blifil te trompait & m'a trompé moi-même. Il n'a pas rougi de te compromettre en m'ordonnant de ta part de cacher ce secret jusqu'au moment qu'il épouserait Sophie.

ALWORTHYS.

Le malheureux !

DOWLING.

Qu'il te rende ces lettres : il ne les a point détruites ; elles lui sont trop utiles. Veux-tu d'autres garants ?

ALWORTHYS.

J'en ai d'assez certains, ta parole, son mérite, ma tendresse & mes regrets.

DOWLING.

J'entends quelqu'un : c'est Blifil.

SCENE XI.

BLIFIL, ALWORTHYS, DOWLING.

BLIFIL.

LE Juge de Paix me suit : j'ai fait investir la maison.

ALWORTHYS, *se contraignant.*

Approche ... donne-moi les lettres de ta mere.

BLIFIL.

De ma mere ? .. Dowling ! ..

DOWLING.

J'ai fait mon devoir.

BLIFIL.

Je suis perdu ! ... Mon Oncle ! ..

ALWORTHYS.

Acheve ... Jones est-il ton frere ?

BLIFIL, *s'inclinant.*

Ah ! croyez que mon seul amour pour Sophie...

ALWORTHYS.

C'est assez ; fuis ma présence. Cherche ces lettres ; Dowling me les rendra. Tu dois m'entendre, nous ne nous reverrons jamais. (*Blifil sort.*) (*A Dowling.*) Va prévenir le Juge de Paix ; & fais-moi promptement venir Jones. Je l'attends.

(*Dowling sort.*)

SCENE XII.

ALWORTHYS, Mr. WESTERN, SOPHIE, HONORA.

Mr. WESTERN, *traînant Sophie.*

SUIVEZ-MOI, Mademoiſelle. Oh ! parbleu ! ce ne ſera plus Milady telle ou telle, ni ma ſotte de ſœur, qui n'a pas eu le courage de nous ſuivre dans votre recherche, ni toutes les begueules du voiſinage qui veilleront ſur votre conduite : ce ſera moi ; oui, moi : que l'on m'obéiſſe.

HONORA, *ſuivant Sophie.*

Madame, nous oublions. . . .

Mr. WESTERN, *la repouſſant.*

Alte-là, complaiſante Soubrette. Epargnez-vous le ſoin de l'accompagner. Vous donnez de trop bons conſeils, & qu'on ſuit trop aiſément.

HONORA.

Ma maitreſſe !

Mr. WESTERN.

Alte-là, vous dis-je. Je la tiens enfin, la friponne ! oh ! elle l'épouſera : c'eſt-moi qui t'en réponds. Eſt-il arrêté ? Où donc eſt l'ami Bliſil.

ALWORTHYS.

Bliſil ne paroîtra jamais devant nous ; il n'épouſera jamais l'eſtimable Sophie.

(Dowling rentre.)

HONORA.

Madame !

ALWORTHYS.

Ce Blifil eſt un traître. Il a cauſé mille malheurs que vous pouvez ſeul m'aider à réparer : que dis-je ? C'eſt moins vous encore que votre fille. Oui, c'eſt à vous, Miſſ Weſtern, que je m'adreſſe. Blifil eſt indigne de vous : mais il me reſte un neveu.

Mr. WESTERN.

Comment ! qu'y a-t-il de nouveau ?

SOPHIE.

Monſieur, permettez-moi...

ALWORTHYS.

Ecoutez ; ce neveu que je chéris, & qui ſera ſeul mon héritier ; ce neveu que vous ne haïſſez pas, qui vous adore, que je vous propoſe... C'eſt Jones.

SOPHIE.

Jones !

Mr. WESTERN.

Jones !

HONORA.

Je ſçavais bien que tout ſe découvrirait.

ALWORTHYS.

C'eſt cet infortuné que j'ai trop mal connu. Je l'accablai d'injuſtices ; réparez-les, Sophie. Il eſt mon neveu ; je n'en puis douter : Dowling eſt mon garant.

Mr. WESTERN.

Et je le crois : je l'aimai toujours, mon cher Jones. C'eſt un étourdi ; mais honnête garçon, ſavant Chaſſeur. Eh ! bien, mon ami, me croirez-vous une autre fois ? Quand je vous ai dit que vous n'en auriez jamais que de la ſatisfaction.

ALWORTHYS.

Que décidez-vous, Sophie?

Mr. WESTERN.

Elle? Oh! je te réponds de son consentement.

SOPHIE.

Mon pere!..

Mr. WESTERN.

Oh! çà, parce que je dis oui, vas-tu dire non? Si je disais non, tu dirais oui; car tu ressembles à ta Tante: vos chiennes de têtes ne se plaisent qu'à me contrarier, à me faire enrager.

SCENE XIII. *& derniere.*

ALWORTHYS, Mr. WESTERN, SOPHIE, HONORA, DOWLING, LA MAITRESSE DE L'HOTELLERIE.

DOWLING.

VOici Jones que je t'amene.

JONES.

Je viens vous implorer encore; mais ce n'est plus pour moi: c'est pour l'objet le plus respectable, & peut-être...

Mr. WESTERN.

Eh ! non, tu ne ſçais pas . . . Viens m'embraſſer mon camarade.

JONES.

Qu'entends-je ?

ALWORTHYS.

Ah ! Jones, que je mérite de reproches !

JONES.

Vous, mon pere !

ALWORTHYS.

Oui, je le ſuis ; je le ſerai toujours ; mon cher neveu, pardonne à ton Oncle.

JONES.

Que me dites-vous ?

DOWLING.

Voici l'inſtant que je t'avais promis.

JONES.

Moi, votre neveu !

ALWORTHYS.

Tu l'es : crois-en mes regrets, ma tendreſſe.

Mr. WESTERN.

Et pour garant prends la main de ma fille.

JONES.

Ah ! Sophie... Monſieur... Vous que je n'oſe encore nommer... Dowling...

ALWORTHYS.

Je lui ferai du bien ſans le revoir jamais.

DOWLING.

On t'expliquera ce myſtere.

Mr. WESTERN.

Allons, allons; qu'on ne m'en parle plus : ça ne ſe connaît ni en chiens, ni en chevaux. Vive toi, mon ami : ah ! comme nous allons chaſſer !

ALWORTHYS.

Ne perdons point de tems, retournons au château. Votre ſœur ne s'attend pas à des nouvelles ſi charmantes, que nos enfans ſoient unis dès ce jour.

LA MAITRESSE.

Comment, Meſſieurs ! ce grand repas que j'ai fait préparer ?..

ALWORTHYS.

Vous ſerez contente : qu'on le ſerve. Et toi, Dowling, ſois ſûr...

DOWLING.

Arrête, point de bienfaits : j'ai fait ce que j'ai dû ; ma récompenſe eſt dans mon cœur. Aſſure leur bonheur ; il fera le mien.

ALWORTHYS.

Sois ſatisfait.

FIN.

VAUDEVILLE.

Alworthys.
LE malheur ne fuit plus vos traces; Soyez u-
nis, heureux, en- fans. Ou-bliez vos lon-
gues dif- graces Dans nos tendres embraf- fe-
mens. Ne per- dons ja- mais le cou- ra- ge,
Un inf- tant peut changer le fort.
C'eft fou- vent quand on craint l'o- rage,
Qu'un bon vent nous conduit au port.

SOPHIE.

Mon cœur dévorait ſa triſteſſe;
Il renaît en ce doux moment.
Mon Pere approuve ſa tendreſſe;
J'obtiens pour époux mon amant.
Ne perdons, &c.
Un moment change notre ſort.
C'eſt ſouvent, &c.

JONES.

De l'abîme du néant même
Je paſſe au comble du bonheur.
Je trouve auprès de ce que j'aime.
Un oncle, un pere, un bienfaiteur.
Ne perdons, &c.
Un inſtant change notre ſort.
C'eſt ſouvent, &c.

HONORA.

A quatorze ans, fille diſcrette
Fuit des amans les ſoins flatteurs:
Mais quelquefois on eſt ſeulette,
Et les hommes ſont ſi trompeurs!
Contr'eux notre raiſon murmure:
Oſent-ils faire un tendre effort;
Le Plaiſir, l'Amour, la Nature,
Malgré nous, les menent au port.

M. WESTERN.

Le Chaſſeur, dès l'aube naiſſante,
Raſſemble ſes chiens, ſes valets,
Arme ſes fuſils, ſe tourmente;
Brûle la plaine & les guérets.
Quand un coup trompe ſon attente,
La perdrix fuit : il tire encor,
En abbat deux, triomphe & chante :
Un bon vent m'a conduit au port.

SOPHIE AU PUBLIC.

Notre ſeul but eſt de vous plaire;
Couronnez, Meſſieurs, nos deſirs.
Guidez nos pas dans la carriere
Que nous ouvrons à vos plaiſirs.
Quand nous vous offrons un Ouvrage,
Vos bontés décident ſon ſort.
Applaudiſſez; votre ſuffrage
Eſt le vent qui nous mene au port.

FIN.

Andantino.

AH ! ma tante, je vous prie, Couron-
nez tant de bienfaits. Ah ! ma tante, je vous
prie, Cou-ronnez tant de bien-faits. Raſſu-
rez vo- tre So- phie, Raſſu- rez vo- tre Sophie, Et dans ſon ame at- ten- dri-
e, Portez le cal- me & la paix.
Ah ! ma tante, je vous prie, Couron-

nez tant de bien-faits ; Ah ! ma tante, je vous
prie, Couronnez tant de bien-faits. Raſſu-
rez vo- tre So- phie, Raſſu- rez vo- tre Sophie, Et dans ſon ame at- tendri-e,
Por- tez le calme & la paix. Raſſu-
rez vo- tre So- phie, Raſſu- rez vo- tre Sophie, Et dans ſon ame at- ten- dri-

e, Portez le cal- me & la paix, Le
calme & la paix, Le calme & la paix.
Amoroso, poco a Andantino.
A- Mour, A- mour, quelle est donc
ta puissan- ce! Quelle est donc ta puis-
san- ce! Me dois- je aveu- gler sur mon
sort? Aux doux at- traits de l'es- pe-
ran- ce Mon cœur peut-il s'ou-vrir en-

cor, Mon cœur, mon cœur peut-il s'ouvrir en-
cor? Peut- il s'ou- vrir - - en- -
cor, J'ose ai- mer la bel- le So- phi- e,
Le plus ra- re bienfait des cieux; Et qu'ils
sem- blent avoir choi- si- e, Pour charmer le cœur & les yeux. A. &c. Da capo.
Mineur.
LA jeu- ne fleur é- close à pei- ne,

APPROBATION.

J'Ai lû par ordre de Monseigneur le Vice-Chancelier, un Manuscrit qui a pour titre : *Tom Jones, Comédie Lyrique*; & je n'y ai rien trouvé qui doive en empêcher l'impression. A Paris, ce 14 Février 1765.

Signé, MARIN.

PRIVILÉGE DU ROI.

LOUIS, par la grace de Dieu, Roi de France & de Navarre : à nos amés & féaux Conseillers les Gens tenans nos Cours de Parlement, Maîtres des Requêtes ordinaires de notre Hôtel, Grand-Conseil, Prévôt de Paris, Baillifs, Sénéchaux, leurs Lieutenans Civils & autres nos Justiciers qu'il appartiendra : Salut ; notre amé Nicolas-Bonaventure DUCHESNE, Libraire à Paris, nous a fait exposer qu'il désireroit faire imprimer & donner au Public des Ouvrages qui ont pour titres : *Théâtre de de Launay, de la Mothe, de Moissy, Choix des Pieces du Théâtre Fran ois & Italien, Oeuvres de Madame de Graffigny, Guide des Corps des Marchands & des Communautés* : S'il Nous plaisoit lui accorder nos Lettres de Privilége pour ce nécessaires. A CES CAUSES, voulant favorablement traiter l'Exposant, Nous lui avons permis & permettons par ces Présentes, de faire imprimer lesdits Ouvrages autant de fois que bon lui semblera, & de les vendre, faire vendre & débiter par tout notre Royaume, pendant le tems de dix années consécutives, à compter du jour de la date des Présentes ; faisons défenses à tous Imprimeurs & Libraires, & autres personnes de quelque qualité & & condition qu'elles soient, d'en introduire d'impression étrangere dans aucun lieu de notre obéissance ; comme aussi d'imprimer ou faire imprimer, vendre, faire vendre, débiter ni contrefaire lesdits Ouvrages, ni d'en faire aucun extrait, sous quelque prétexte que ce puisse être, sans la permission expresse & par écrit dudit Exposant, ou de ceux qui auront droit de lui, à peine de confiscation des Exemplaires contrefaits, de trois mille livres d'amende contre chacun des contrevenans, dont un tiers à Nous, un tiers à l'Hôtel-Dieu de Paris, & l'autre tiers audit Exposant ou à celui qui aura droit de lui, & de tous dépens, dommages & intérêts, à la charge que ces Présentes seront enregistrées tout au long sur le Registre de la Communauté des Imprimeurs & Libraires de Paris, dans trois mois de la date d'icelles, que l'impreſſion deſdits Ouvrages ſera faite dans notre Royaume, & non ailleurs, en bon papier & beaux caracteres, conformément à la feuille imprimée, attachée pour modele ſous le contreſcel des Préſentes; que l'Impétrant ſe conformera en tout aux Reglemens de la Librairie, & notamment à celui du 10 Avril 1725, & qu'avant de les expoſer en vente, les Manuſcrits qui auront ſervi de Copies à l'impreſſion deſdits Ouvrages, ſeront remis dans le même état où l'Approbation aura été donnée ès mains de notre très cher & féal Chevalier, Chancelier de France, le Sieur DE LAMOIGNON, & qu'il en ſera enſuite remis deux Exemplaires de chacun, dans notre Bibliothéque publique, un dans celle de notre Château du Louvre, & un dans celle dudit Sieur DE LAMOIGNON, & un dans celle de notre très-cher & féal Chevalier, Vice-Chancelier de France, le Sieur DE MAUPEOU, le tout à peine de nullité des Préſentes: du contenu deſquelles vous mandons & enjoignons de faire jouir ledit Expoſant & ſes ayans cauſes, pleinement & paiſiblement, ſans ſouffrir qu'il leur ſoit fait aucun trouble ou empêchement. Voulons que la Copie des Préſentes, qui ſera imprimée tout au long au commencement ou à la fin deſdits Ouvrages, ſoit tenue pour dûement ſignifiée, & qu'aux Copies collationnées par l'un de nos amés & féaux Conſeillers Sécretaires, foi ſoit ajoûtée comme à l'Original. Commandons au premier notre Huiſſier ou Sergent ſur ce requis, de faire pour l'exécution d'icelles tous Actes requis & néceſſaires, ſans demander autre permiſſion, & nonobſtant clameur de Haro, Charte Normande & Lettres à ce contraires; CAR TEL EST NOTRE PLAISIR. Donné à Paris le vingt-ſixieme jour du mois de Septembre, l'an de grace mil ſept cent ſoixante-quatre. Et de notre Regne le cinquantieme. Par le Roi en ſon Conſeil. *Signé*, LE BEGUE.

Regiſtré ſur le Regiſtre XVI. de la Chambre Royale & Syndicale des Libraires & Imprimeurs de Paris, N°. 285. fol. 171. conformément au reglement de 1723. A Paris ce 6 Octobre 1764.

LE BRETON, Syndic.

www.ingramcontent.com/pod-product-compliance
Lightning Source LLC
LaVergne TN
LVHW020352230826
846091LV00003B/1073
* 9 7 8 2 3 2 9 7 2 9 8 9 3 *